陳福成著

陳福成著作全編

第四十二冊 金秋六人行

文史哲出版社印行

國家圖書館出版品預行編目資料

陳福成著作全編 / 陳福成著. -- 初版. --臺北
市：文史哲,民 104.08
頁： 公分
ISBN 978-986-314-266-9（全套：平裝）

848.6 104013035

陳福成著作全編

第四十二冊　金秋六人行

著　　者：陳　福　成
出 版 者：文 史 哲 出 版 社
http://www.lapen.com.tw
登記證字號：行政院新聞局版臺業字五三三七號
發 行 人：彭　正　雄
發 行 所：文 史 哲 出 版 社
印 刷 者：文 史 哲 出 版 社
臺北市羅斯福路一段七十二巷四號
郵政劃撥帳號：一六一八〇一七五
電話886-2-23511028 · 傳真886-2-23965656

全 80 冊定價新臺幣 36,800 元

二〇一五年（民一〇四）八月初版

ISBN 978-986-314-266-9 08981

陳福成著作全編總目

壹、兩岸關係

①決戰閏八月
②防衛大台灣
③解開兩岸十大弔詭
④大陸政策與兩岸關係

貳、國家安全

⑤國家安全與情治機關的弔詭
⑥國家安全與戰略關係
⑦國家安全論壇。

參、中國學四部曲

⑧中國歷代戰爭新詮
⑨中國近代黨派發展研究新詮
⑩中國政治思想新詮
⑪中國四大兵法家新詮：孫子、吳起、孫臏、孔明

肆、歷史、人類、文化、宗教、會黨

⑫神劍與屠刀
⑬中國神譜
⑭天帝教的中華文化意涵
⑮奴婢妾匪到革命家之路：復興廣播電台謝雪紅訪講錄
⑯洪門、青幫與哥老會研究

伍、詩〈現代詩、傳統詩〉、文學

⑰幻夢花開一江山
⑱赤縣行腳•神州心旅
⑲「外公」與「外婆」的詩
⑳尋找一座山
㉑春秋記實
㉒性情世界
㉓春秋詩選
㉔八方風雲性情世界
㉕古晟的誕生
㉖把腳印典藏在雲端
㉗從魯迅文學醫人魂救國魂說起

陸、現代詩（詩人、詩社）研究

㉘六十後詩雜記詩集
㉙三月詩會研究
㉚我們的春秋大業：三月詩會二十年別集
㉛中國當代平民詩人王學忠
㉜讀詩稗記
㉝嚴謹與浪漫之間
㉞一信詩學研究：解剖一隻九頭詩鵠
㉟囚徒
㊱胡爾泰現代詩臆說
㊲王學忠籲天詩錄

柒、春秋典型人物研究、遊記

㊳山西芮城劉焦智「鳳梅人」報研究
㊴在「鳳梅人」小橋上

㊵我所知道的孫大公
㊶為中華民族的生存發展進百書疏
㊷金秋六人行
㊸漸凍勇士陳宏

捌、小說、翻譯小說

㊹迷情・奇謀・輪迴、
㊺愛倫坡恐怖推理小說

玖、散文、論文、雜記、詩遊記、人生小品

㊻一個軍校生的台大閒情
㊼古道・秋風・瘦筆
㊽頓悟學習
㊾春秋正義
㊿公主與王子的夢幻、
(51)洄游的鮭魚
(52)男人和女人的情話真話
(53)台灣邊陲之美
(54)最自在的彩霞
(55)梁又平事件後

拾、回憶錄體

(56)五十不惑
(57)我的革命檔案
(58)台大教官興衰錄
(59)迷航記、
(60)最後一代書寫的身影
(61)我這輩子幹了什麼好事
(62)那些年我們是這樣寫情書的
(63)那些年我們是這樣談戀愛的
(64)台灣大學退休人員聯誼會第九屆理事長記實

拾壹、兵學、戰爭

(65)孫子實戰經驗研究
(66)第四波戰爭開山鼻祖賓拉登

拾貳、政治研究

(67)政治學方法論概說
(68)西洋政治思想史概述
(69)中國全民民主統一會北京行
(70)尋找理想國：中國式民主政治研究要綱

拾參、中國命運、喚醒國魂

(71)大浩劫後：日本 311 天譴說
日本問題的終極處理

拾肆、地方誌、地區研究

(72)台大逸仙學會
(73)台北公館台大地區考古・導覽
(74)台中開發史
(75)台北的前世今生
(76)台北公館地區開發史

拾伍、其他

(77)英文單字研究
(78)與君賞玩天地寬（文友評論）
(79)非常傳銷學
(80)新領導與管理實務

總序：陳福成的一部文史哲政兵千秋事業

陳福成先生，祖籍四川成都，一九五二年出生在台灣省台中縣。筆名古晟、藍天、司馬千、鄉下人等，皈依法名：本肇居士。一生除軍職外，以絕大多數時間投入寫作，範圍包括詩歌、小說、政治（兩岸關係、國際關係）、歷史、文化、宗教、哲學、兵學（國防、軍事、戰爭、兵法），及教育部審定之大學、專科（三專、五專）、高中（職）等各級學校國防通識（軍訓課本）十二冊。以上總計近百部著作，目前尚未出版者尚約二十部。

我的戶籍資料上寫著祖籍四川成都，小時候也在軍眷長大，初中畢業（民57年6月），投考陸軍官校預備班十三期，三年後（民60）直升陸軍官校正期班四十四期，民國六十四年八月畢業，隨即分發野戰部隊服役，到民國八十三年四月轉台灣大學軍訓教官。到民國八十八年二月，我以台大夜間部（兼文學院）主任教官退休（伍），進入全職寫作高峰期。

我年青時代也曾好奇問老爸：「我們家到底有沒有家譜？」

他說：「當然有。」他肯定說，停一下又說：「三十八年逃命都來不及了，現在有個鬼啦！」

兩岸開放前他老人家就走了，開放後經很多連繫和尋找，真的連鬼都沒有了，茫茫無垠的「四川北門」，早已人事全非了。

但我的母系家譜卻很清楚，母親陳蕊是台中縣龍井鄉人。她的先祖其實來台不算太久，按家譜記載，到我陳福成才不過第五代，大陸原籍福建省泉州府同安縣六都施盤鄉馬巷。

第一代祖陳添丁、妣黃媽名申氏。從原籍移居台灣島台中州大甲郡龍井庄龍目井字水裡社三十六番地，移台時間不詳。陳添丁生於清道光二十年（庚子，一八四〇年）六月十二日，卒於民國四年（一九一五年），葬於水裡社共同墓地，坐北向南，他有二個兒子，長子昌，次子標。

第二代祖陳昌（我外曾祖父），生於清同治五年（丙寅，一八六六年）九月十四日，卒於民國廿六年（昭和十二年）四月二十二日，葬在水裡社共同墓地，坐東南向西北。陳昌娶蔡匏，育有四子，長子平、次子豬、三子波、四子萬芳。

第三代祖陳平（我外祖父），生於清光緒十七年（辛卯，一八九一年）九月二十五日，卒於（年略記）二月十三日。陳平娶彭宜（我外祖母），生光緒二十二年（丙申，一八九六年）六月十二日，卒於民國五十六年十二月十六日。他們育有一子五女，長子陳火，長女陳鑾、次女陳燕、三女陳蕊、四女陳品、五女陳鶯。

以上到我母親陳蕊是第四代，到筆者陳福成是第五代，與我同是第五代的表兄弟姊妹共三十二人，目前大約半數仍在就職中，半數已退休。

寫作是我一輩子的興趣，一個職業軍人怎會變成以寫作為一生志業，在我的幾本著作都詳述（如《迷航記》、《台大教官興衰錄》、《五十不惑》等」。我從軍校大學時代開始寫，從台大主任教官退休後，全力排除無謂應酬，更全力全心的寫（不含為教育部編著的大學、高中職《國防通識》十餘冊）。我把《陳福成著作全編》略為分類暨編目如下：

壹、兩岸關係

①《決戰閏八月》②《防衛大台灣》③《解開兩岸十大弔詭》④《大陸政策與兩岸關係》。

貳、國家安全

⑤《國家安全與情治機關的弔詭》⑥《國家安全與戰略關係》⑦《國家安全論壇》。

參、中國學四部曲

⑧《中國歷代戰爭新詮》⑨《中國近代黨派發展研究新詮》⑩《中國政治思想新詮》⑪《中國四大兵法家新詮：孫子、吳起、孫臏、孔明》。

肆、歷史、人類、文化、宗教、會黨

⑫《神劍與屠刀》⑬《中國神譜》⑭《天帝教的中華文化意涵》⑮《奴婢妾匪到革命家之路：復興廣播電台謝雪紅訪講錄》⑯《洪門、青幫與哥老會研究》。

伍、詩〈現代詩、傳統詩〉、文學

⑰《幻夢花開一江山》⑱《赤縣行腳‧神州心旅》⑲《「外公」與「外婆」的詩》、⑳《尋找一座山》㉑《春秋記實》㉒《性情世界》㉓《春秋詩選》㉔《八方風雲性情世界》㉕《古晟的誕生》㉖《把腳印典藏在雲端》㉗《從魯迅文學醫人魂救國魂說起》㉘《60後詩雜記詩集》。

陸、現代詩（詩人、詩社）研究

⑥⑦《政治學方法論概說》⑥⑧《西洋政治思想概述》⑥⑨《中國全民民主統一會北京行》⑦⓪《尋找理想國：中國式民主政治研究要綱》。

拾參、中國命運、喚醒國魂

⑦①《大浩劫後：日本311天譴說》、《日本問題的終極處理》⑦②《台大逸仙學會》。

拾肆、地方誌、地區研究

⑦③《台北公館台大地區考古・導覽》⑦④《台中開發史》⑦⑤《台北的前世今生》⑦⑥《台北公館地區開發史》。

拾伍、其他

⑦⑦《英文單字研究》⑦⑧《與君賞玩天地寬》（別人評論）⑦⑨《非常傳銷學》⑧⓪《新領導與管理實務》。

我這樣的分類並非很確定，如《謝雪紅訪講錄》，是人物誌，但也是政治，更是歷史，說的更白，是兩岸永恆不變又難分難解的「本質性」問題。

以上這些作品大約可以概括在「中國學」範圍，如我在每本書扉頁所述，以「生長在台灣的中國人為榮」，以創作、鑽研「中國學」，貢獻所能和所學為自我實現的途徑，以宣揚中國春秋大義、中華文化和促進中國和平統一為今生志業，直到生命結束。我這樣的人生，似乎滿懷「文天祥、岳飛式的血性」。

抗戰時期，胡宗南將軍曾主持陸軍官校第七分校（在王曲），校中有兩幅對聯，一是「升官發財請走別路、貪生怕死莫入此門」，二是「鐵肩擔主義、血手寫文章」。前聯原在廣州黃埔，後聯乃胡將軍胸懷，「鐵肩擔主義」我沒機會，但「血手寫文章」的

「血性」俱在我各類著作詩文中。

人生無常，我到六十三歲之年，以對自己人生進行「總清算」的心態出版這套書。

回首前塵，我的人生大致分成兩個「生死」階段，第一個階段是「理想走向毀滅」，年齡從十五歲進軍校到四十三歲，離開野戰部隊前往台灣大學任職中校教官。第二個階段是「毀滅到救贖」，四十三歲以後的寫作人生。

「理想到毀滅」，我的人生全面瓦解、變質，險些遭到軍法審判，就算軍法不判我，我也幾乎要「自我毀滅」；而「毀滅到救贖」是到台大才得到的「新生命」，我積極寫作是從台大開始的，我常說「台大是我啟蒙的道場」有原因的。均可見《五十不惑》、《迷航記》等書。

我從年青立志要當一個「偉大的軍人」，為國家復興、統一做出貢獻，為中華民族的繁榮綿延盡個人最大之力，卻才起步就「死」在起跑點上，這是個人的悲劇和不智，正好也給讀者一個警示。人生絕不能在起跑點就走入「死巷」，切記！切記！讀者以我為鑒！在軍人以外的文學、史政有這套書的出版，也算是對國家民族社會有點貢獻，對自己的人生有了交待，這致少也算「起死回生」了！

順要一說的，我全部的著作都放棄個人著作權，成為兩岸中國人的共同文化財，而台北的文史哲出版有優先使用權和發行權。

這套書能順利出版，最大的功臣是我老友，文史哲出版社負責人彭正雄先生和他的夥伴們。彭先生對中華文化的傳播，對兩岸文化交流都有崇高的使命感，向他和夥伴致上最高謝意。

台北公館蟾蜍山萬盛草堂主人　陳福成　誌於二〇一四年
五月榮獲第五十五屆中國文藝獎章文學創作獎前夕

金秋六人行
——鄭州山西之旅

目 次

卷四：陳福成兩岸統合春秋業　生生世世不忘的使命……一六七

廖　序：感謝與期盼

台　客

去歲金秋，應山西芮城「鳳梅人」報總編劉焦智之邀，有六人行之壯舉。前後共十二日，足跡走過河南省一部分及大半個山西省，沿途所見人事物景致，及受到的盛情接待，雖然如今轉眼已過了近半年時光，但回憶起來仍感覺溫馨、溫暖。

山西行平安返回後，大家再次在台北聚會，經過一番討論，咸認爲爲讓此行更爲圓滿，有必要出版一本專書以紀念之。除我等六人的詩文外，也期盼能有彼岸文友的文章共襄盛舉。此後經過一段時間各自努力的書寫，以及向彼岸文友傳達訊息，終於彙集成圖文並茂的本書。

海峽兩岸，自從十多年前開放探親互訪以來，大抵都在沿海各省或各大城市諸如上海、北京、西安、鄭州、廣州等地，內陸省份尤其二三線城市之交流機會則不多。芮城位於中國內陸山西省最南端，雖然地處晉豫陝三省交會處，地位十分重要，但終究交通不便，交流機會也不多。此次我們組團前往，受到盛情接待，算是一個良好開端，希望往後能有更多台灣藝文團體前往交流訪問。

本書之編輯工作由陳兄福成負責，他經驗老到，駕輕就熟，總共搜集了那麼多的文章與相關圖片，大大出乎我的預料之外，在此也要向他的辛勞表示感謝之意。

最後，當然更要感謝此行盛情接待我們的彼岸諸多文友，那一張張誠懇、摯情的面孔，我們永遠無法忘記。期盼下次的交流訪問能早日到來，那時我們能再歡笑相聚，互訴中華兒女情長，或詩文偉業，多麼美好！

（二〇一二年二月三日寫於台灣新北市）

李　序：致眞誠感謝

李舜玉

參加山西六人行，大家協商一起寫些心得分享，由台客、福成兩位主筆，其餘四人每人客串發表數文，達成協議後，限十月底前製作圖文光碟交由兩位審稿，預定二至三個月內出書。這是信義告訴的信息，我一直未參與協調會，不知大家的共識。

藉出書表達我內心的感謝。首先要謝謝鳳梅人報總編焦智先生的盛情邀約；河南鄭州的台客好友樊教授洛平女士、郭曉平賢伉儷及一些文友劉福智教授、孟彩虹女士等在鄭州的熱忱招待作陪。來到芮城，山西西建集團董事長劉智強先生的兩度設宴盛情，參訪永樂宮由張亦農先生、吉自峰先生陪同解說，喬家大院承陳定梅女士及女兒細心安排，旅遊景點亦彬先生負責接送人車的安全，都是山西之行的貴人，同行的奎章、台客、福成、俊歌及我先生都感覺到彼此有這份因緣際會，才能讓此行的旅遊圓滿順利。

祖籍山西垣曲的我，分享鄉親熱誠、友善的溫暖。永銘於心！再次的感謝。

編　者：本書誕生的說明

陳福成

有鑒於去年（二〇一〇）九月我與吳信義、俊歌二位師兄，組成了三人行，應山西芮城尚未見過面的好友劉焦智先生邀請，到芮城參訪。回來後，我著手寫一本紀行，《在「鳳梅人」小橋上：中國山西芮城三人行》一書，很快在今年（二〇一一）四月，由台北的文史哲出版社老闆彭正雄先生正式發行。近四百頁的書，很有一點份量，但我在乎的是對兩岸文化交流，是否有些「蝴蝶效應」？或有機會成爲「最後一根稻草」！

今年我們又有好機緣，三人行擴大成六人行（六人小傳見書末附錄），主要應河南鄭州大學樊洛平教授之邀約，她是鄭州大學客家文化與華文文學研究所所長，亦暨是鄭大社會性別研究中心副主任。接著到山西芮城參加永樂宮第四屆國際書畫藝術節，並參加「鳳梅人」報總編劉焦智先生主持的「第三屆兩岸道德文化交流」。

「金秋六人行」從今年（二〇一一）九月九日到二十日，共計十二天。旅行途中，大家商議回台後每人都要交作品，合編出版一本紀念集，不讓去年的「三人行」專美於前。另外，我等六人也積極向此行所拜會的好朋友們邀稿，希望完成一本彰顯兩岸文化交流暨同根同祖一家人的紀念集。

果然，獲得好友們的回憶，這本書的作者除我等六人外，尚有黨忠義、劉焦智、薛小琴、楊天太、劉有光、楊雲、張維、武學德、范宏斌、范世平、馮福祿、謝廷璧、管喻、李孟綱、孟彩虹、海青青、張愛萍、劉福智，及部份於行程中拜會當事人所取得之作品，一併整理編入本書。尤其書法家、畫家所贈作品，都是珍貴的回憶，都收於本書做為恆久的紀念。

但如何把這些各類文體作品（詩、文等文字類、書法和繪畫圖像類）編成，幾經斟酌，審度其完整性而編成八卷。

卷一：台客鄭州山西行　詩文兩岸展深情。

卷二：江奎章金秋神州行　華陽居士人相解密。

卷三：吳信義因緣具足神州行　博學多識廣見聞。

卷四：陳福成兩岸統合春秋業　生生世世不忘的使命。

卷五：風雨難阻根祖情　芮城忠義來相助。

卷六：中國書法之都在芮城，丹青不朽情永恆。

卷七：兩岸原是一家人，詩文芳香播九州。

卷八：縱橫解讀劉焦智，天命所賦難掙脫。

本書彩色照片部份，多爲吳元俊師兄所拍攝，是他此行最佳作品。本書能完成出版，要感謝所有提供作品的朋友，感謝文史哲出版社老闆彭正雄先生大力配合，「六人行」會是大家難忘的回憶。

陳福成草於二〇一一年十一月十七日我與妻結婚第三十一年整

台北蟾蜍山下萬盛草堂

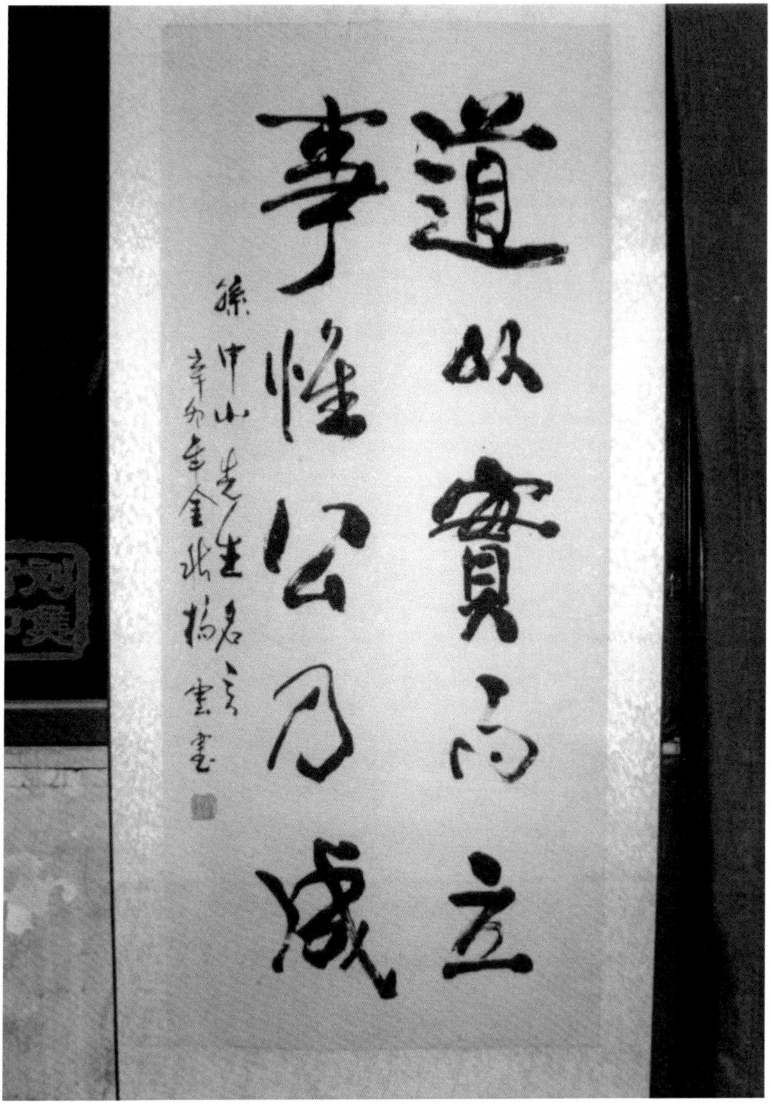

芮城文化人楊雲老先生對《鳳梅人》的鞭策和鼓勵：書孫中山名言

道以實而立　事惟公乃成

孫中山先生名言　辛卯年金秋　楊雲書

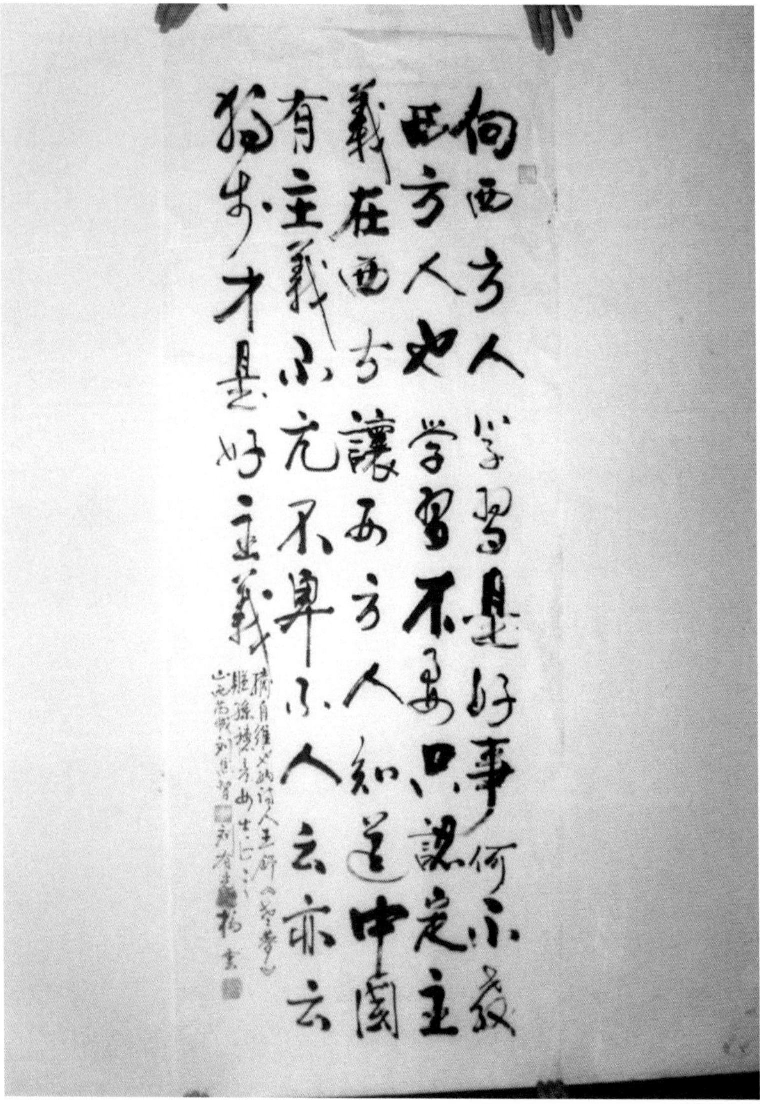

書法一：中國有主義

向西方人學習是好事，何不教西方人也學習，不要只認定主義在西方，讓西方人知道中國有主義。不亢不卑，不人云亦云，獨步才是好主義。

摘自維也納畫家王舒《老夢》贈孫穗芳女士正之

山西芮城劉焦智　劉有光　楊雲

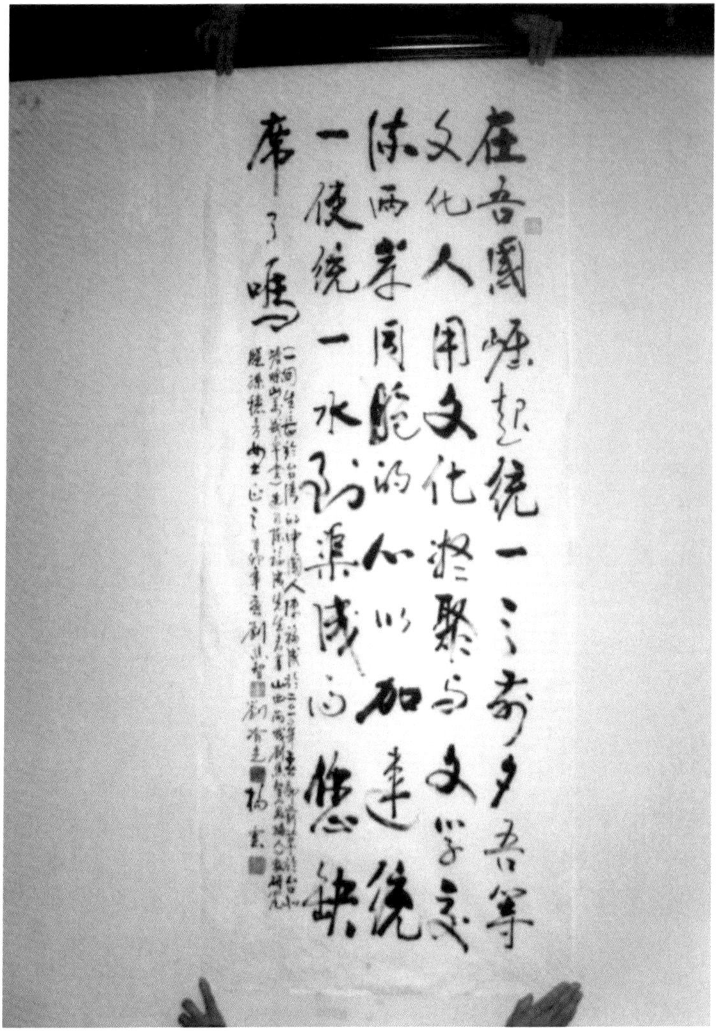

書法二：國家興亡　匹夫有責

在吾國崛起統一之前夕，吾等文化人用文化凝聚與文學交流兩岸同胞的心，以加速統一，使統一水到渠成。而你，缺席了嗎？

（一個生長於臺灣的中國人陳福成，於二〇一〇年春節前草於臺北蟾蜍山萬盛草堂。）選自陳福成先生名著《山西芮城劉焦智鳳梅人報研究》贈孫穗芳女士正之。

辛卯年春劉焦智　劉有光　楊雲

上圖：九月九日晚上，鄭州大學文學院院長單占生教授（正中）接風。後排左起：樊洛平教授、郭曉平先生，最右是孟彩虹和她的貝比。

左圖：鄭州大學校園留影。

九月十日樊洛平教授帶大家參觀河南博物院

九月十日晚上在孟彩虹（最左）的茶館

海青青（左）與台客，九月十日晚上在孟彩虹茶館

海青青與陳福成，九月十日晚上在孟彩虹茶館

九月十一日，在「鳳梅人」報辦公室。

九月十二日參觀芮城聖壽寺，住持釋益西接待。

一行人在永樂宮廟門前留影

張亦農先生簡介永樂宮

贊助「鳳梅人」，由劉焦智的大弟劉智強先生代接受。
這天正好是中秋節，智強兄在芮城黃河酒店宴請大家。

九月十三日抵達平遙古城，我們住進「熙仁泰賓館」。

「熙仁泰賓館」內一景

九月十三日中午抵五臺山

五臺山菩薩頂，「五臺聖境」（康熙御筆）前留影。

菩薩頂前留影

上圖：五臺山，遠處是大白塔。

左圖：吳信義夫婦和導遊左麗紅合影。

九月十三日下午我們離開五臺山，晚上八點到祁縣昭餘鎮。陳定中將軍的二妹陳定梅，在祁縣賓館設宴盛情款待我等。

陳定梅（左三）和她二女兒羅啟莉（左四），帶我們參觀喬家大院。

喬家大院內一景

九月十四日下午，「葡萄園詩刊」的山西侯馬詩友馮福祿（右三），帶領參觀「晉國古都博物館」。

在宰相村

趙志杰（右三）、許剛（右二）來訪

俊歌英姿，九月十五日

台客英姿，九月十五日

陳福成（前排左三），在主席台，九月十五日。

四個上校。左起：國軍上校陳福成、解放軍上校王天榜、國軍上校吳信義、國軍上校俊歌。在芮城的晚宴上，二〇一一年九月十五日。

在宰相村，九月十五日。

在劉焦智的「微型辦公室」與諸友合影。

在九峰山與種蘋果的農夫合影

九峰山下還有「地下窰洞式民居，我們參訪一戶人家，並和男女主人合影。

在芮城大王鎮

在西侯度遺址，最左是薛俊虎和黨忠義。

九月十七日，在「鳳梅人」報辦公室召開「兩岸文化道德交流會」，佳賓合影。

交流會佳賓合影

交流會會場

交流會各佳賓

在鹽池神廟，九月十八日。

參觀運城舜帝陵，九月十八日。

在舜帝陵墓前，最左是山西運城詩人管喻。

九月十八日，我等一行到運城，受到管喻等盛情款待。

九月十九日我們將離開芮城，在大禹渡遇到芮城
政協主席余妙珍（正中），合影留念。

九月十九日我們將離開芮城，當日中午焦智兄和智強在大禹餐廳設宴踐行。

江奎章與大禹餐廳美麗的姑娘合影

台客與姑娘們合影

左圖：此行在芮城最後的美麗。
下圖：陳福成與眾美女合影。

- 43 - 照　片

這是「彩虹妹妹」孟彩虹的浪漫照，感謝她九月十日晚上安排了浪漫的「詩歌晚宴」。

再見，大禹渡。

河南山西行返台後，於九月二十九日，我們在台北天成飯店召開檢討會。邀請陳定中將軍（左三）蒞臨，我們因他而結了山西祁縣陳家的一段情緣。

卷一：台客鄭州山西行　詩文兩岸展深情

永樂宮的壁畫

永樂宮的壁畫
芮城人的驕傲
永樂宮的壁畫
世界的瑰寶

遙想七百多年前
元代畫師們如何
以精妙的構思與布局
才創作出此完美的傑作

瞧！畫壁上那一尊尊神祇
各個體態豐朗，表情生動
或執笏朝拜，或獻上珍寶
朝著祂們最高的元始天尊

瞧！畫壁上那一尊尊神祇
各個充滿力與美的想像
彷彿隨時會從壁畫中走出
和你做一場如雷貫耳的對談

永樂宮的壁畫
芮城人的驕傲
永樂宮的壁畫
世界的瑰寶

在芮城

在芮城
人人臉上掛著笑容
人人態度和藹親切
讓我們倍感溫暖與溫馨

在芮城
我們四處拜訪古蹟
永樂宮與壽聖寺的莊嚴
西侯度、大禹渡遺址的神秘……

在芮城
連綿陰雨令人難耐的天氣
也因我們的到來而放晴
是否連老天也在歡迎我們？

焦智與智強

焦智與智強
是一對好兄弟
小時候哥哥幫弟弟除妖魔
如今弟弟幫哥哥擋風雨

當我們由台北抵達芮城
弟弟智強為我們舉辦歡迎宴
當我們離開芮城返台
弟弟智強又為我們舉辦離別宴

弟弟智強有一張精明幹練的臉
他待人和善彬彬有禮
從年輕艱辛打拚事業有成
如今又在山西建築創奇跡

焦智與智強
是一對好兄弟
兄友弟恭互敬互愛
啊！這一對令人欣羨的好兄弟

欣喜與感動

——參觀第四屆山西芮城永樂宮國際書畫展開幕式有感

這是一個普天同慶的日子
這是一個家家有喜的日子
芮城人幾乎全員出動
只為辦好一場盛大的活動

早上九點許我們盛裝出發
乘上有警車開道的大巴
大巴緩緩駛抵會場
但見人聲鼎沸萬頭鑽動

路兩旁樂隊不停奏樂歡迎我們
更有美麗嚮導親切帶路指引
我們來到主席台旁坐定
但見台下早已人山人海

長官致辭得獎者頒獎
大會儀式進行井井有條
最後是精彩表演
每個節目都令人睜大雙眼

大會場上紅球高掛彩旗飄揚
連老天也放晴一片秋高氣爽
這是一場盛大的嘉年華會
讓每位參觀者既欣喜又感動

天使熊貓

天使熊貓
一條善解人意的狗
牠是焦智兄
最寵愛的一隻寶貝

看他們倆臉對著臉
親暱的玩著親親
我們看了有點惡心
他們倆卻還嫌玩不過癮

焦智兄走到哪裡
哪裡就有熊貓天使
請問：你們究竟是父子爺孫
還是親密愛人？

編者按：詳見本書薛小琴「我和我的天使熊貓」一文。

在風陵古渡口

在風陵古渡口
看黃河滾滾向東流
一條跨河大橋如臍帶
將兩岸三省接通
連接成一個大中國

在風陵古渡口
看黃河滾滾向東流
遙想數千年來
此地發生的歷史風雲戰火狼煙

俱往矣！如今都已消逝如那東流水

在風陵古渡口
看黃河滾滾向東流
江山代有才人出
看今朝人物一個個奮起
有幾人能在歷史上留下驚鴻的一瞥？

遊九峰山

山有九峰
連綿聳峙成巍峨
一處洞天福地
傳說洞賓呂祖曾在此修煉

我們搭車前往
一路說說笑笑
路邊蘋果園引起我們注意
我們下車和果園主人親切合影

59　遊九峰山

車續開至路邊一棵巨樹神木旁
仰頭看它枝繁葉茂又高又壯
當地居民說這是一顆杏樹
今年已高壽兩千四百餘歲

又到窯洞拜訪居民
接受他們饅頭大如鍋蓋的招待
一隻小小土狗突見陌生人
略帶敵意的不停監視我們

遊九峰山
領略芮城的山水好風光
難得的一個上午
我們偷得浮生半日閒

過中條山有感

一座大山
阻斷兩個城市
一個叫運城
一個叫芮城

運城人看大山
中條山像一座高不可攀的天塹
芮城人看大山
中條山像一堵跨不過的高牆

61　過中條山有感

歲歲年年，年年歲歲
從運城到芮城
從芮城到運城
不斷地翻山越嶺倍覺艱辛

我從中條山走過
欣喜地瞥見山腳下
一條盼望已久的隧道正開通
啊！相信一個嶄新的時代即將到來

大紅燈籠依舊高掛

——遊喬家大院有感

大紅燈籠依舊高掛
古色古香的大院依然聳立
獨不見當年的喬家主人
在金碧輝煌的大廳宴客

一批又一批的中外遊客
紛紛雜雜吵吵嚷嚷進入
解說的解說聆聽的聆聽
更多的是四處游走探頭探腦

遙想當年喬家先輩
如何在這塊土地艱辛打拚
一代又一代努力經營
才換得此龐大的規模

而今子孫四散凋零
空留下一座龐然大院
供人觀賞回味
令人感嘆感傷

走入平遙古城

走入平遙古城
走入一條奇幻的時空隧道
一座座高聳的城牆猶在
獨不見當年戍守的衛士

一輪千古明月依稀照著
城中四方街的一景一物
一座座古色古香的建築
一群群熙熙攘攘的人物

「噹」的一記鑼聲：「小心火燭」
就把時空拉回千百年前
幾位老外好奇地比手劃腳

竊竊私語從我們身旁走過
縣衙署、城隍廟、清虛觀
如今早已束之高閣
九龍壁、魁星樓、櫺星門
猶緊緊吸引遊客的目光

一個個的燈籠高高掛起
一串串鞭炮歡樂地炸響
這是一年一度的中秋
古時的明月依舊照著今時的人兒

走入平遙古城
走入一條神秘的時空隧道
我們有幸做了一回今之古人
感覺幸福而愉悅

（二〇一一年中秋節）

與舜帝見面

——遊山西運城市舜帝陵

與舜帝見面
在一個陰雨綿綿的天氣
他依然端坐台階上
雙手撫著一把五弦琴

看到我們遠道而來
他滿臉的愉悅
五弦琴悠然彈起
那一首他最熟悉的歌

「南風之薰兮
可以解吾民之慍兮
南風之時兮
可以阜吾民之財兮」

一位憂國憂民的皇帝
一位孝行感天的皇帝
我們來到他的身旁
來個兩岸大合影

詠龍頭古神柏

——參觀大禹渡風景區所見

一條飛龍，昂首向天
口中含著一顆寶珠
眼睛炯炯有神
彷彿隨時會騰空而去

在禹王廟前的廣場空地前
據説，您已活了四千餘年
一株枝繁葉茂的古柏樹
日日遙望黃河滾滾向東流

69　詠龍頭古神柏

龍頭古神柏啊
您是大禹渡風景點上
一處最美麗的傳奇
見證四千多年來的風風雨雨

在關王故里

在關王故里
看一處處的奇蹟
令人不可思議
感嘆造物者的神奇

一棵桑樹
在此已活了三百餘年
根現五爪，枝分五條
每年還結五次果

兩棵古柏
一呈龍形，一似虎頭

它們在此守護關帝
究竟已過了幾多個年頭？

還有一棵古柏
枝葉紛成彩雲狀
傳說關帝每年返回祭祖
在此按落雲頭

另有一棵古柏
遠遠觀之像一隻
急欲展翅的鳳凰
頭翅尾樣樣皆全

在關王故里
看一處處的奇蹟
令人不可思議
感嘆宇宙蒼穹的奧秘

壽聖寺的佛光

壽聖寺的佛光
在重修後一度顯現
一道道五彩的光芒
讓見者無不雙十合掌

寺是千年古剎
屢毀屢建
塔內供奉無價之寶
釋迦牟尼佛真身舍利

當我們到來
現任住持釋益西竭誠歡迎
與我們閒話家常
一位滿臉福相的得道高僧

壽聖寺的佛光
在重修後一度顯現
一道道五彩的光芒
讓見者無不雙十合掌

後記：壽聖寺位於山西省芮城縣城舍利東街，始建於東漢永平十年（公元67年）。

舍利塔佛光顯現，曾被拍攝，此行我們得以在電腦螢幕上觀之。

在一百八十萬年前

──山西芮城風陵渡鎮西侯度村懷古

在一百八十萬年前
這裡是一大片蒼茫的原始
劍齒象、古板齒犀等大型動物
肆意大聲嘶吼著奔馳

這裡同時也生長著
一群衣不蔽體的古猿人
他們茹毛飲血
不停和老天及野獸鬥爭

是本能的驅使也是意外的發現
他們學會打造石器
更學會烹火煮食
人類的第一把聖火在此點燃

一場又一場的天災巨變
把這裡的一切盡埋地底
幽幽黯黯的地底世界裡
從此經過了幾千百萬年？

一個個出土的石器
一塊塊被挖掘的骨頭
都不斷在向我們訴說
那段令人無法想像的歷史

遊五臺山

山有五峰平坦
得名五台
寺有大小百餘
青山密林間錯落散布

一座高聳入雲的大白塔
是它最醒目的標幟
一棟棟金碧輝煌的古老建築
見證它悠久綿長的歷史

77　遊五臺山

金面文殊菩薩騎著狻猊
坐鎮此山中
諸天神佛大小菩薩
一起來助陣

暮鼓晨鐘晨鐘暮鼓
在此敲了千百年
春去秋來秋去冬來
梵音唱了一代又一代

山有五峰平坦
得名五台
廟有大小百餘
青山密林間隱隱散布

（二〇一一年九月作於山西、台北）

山西芮城行小記

今年九月九日至二十日，應「鳳梅人」報總編劉焦智兄之邀，與陳福成、吳信義夫婦、吳元俊、江奎章共六人，前往山西省芮城市參加該市舉辦的「第四屆永樂宮國際書畫藝術節」活動。除了一路旅途十分順利外，並趁機飽覽了山西省的諸多山水名勝風光。如今雖已返台多日，但那些令人難忘的回憶，猶縈迴在心中。以下茲分六點，略述內心感受。

一、在鄭州喜見諸老友

由於芮城市是在山西最南端，欲搭台北直航班機前往，最近的降落地點就是河南的鄭州市，及陝西省的西安市。我們此行選擇在鄭州市降落，因爲我想趁此機會拜見幾位老友，他們是樊洛平女士、孟彩虹女士、單占生先生、劉福智先生。此四位詩友與『葡萄園』詩刊有多年的交誼，當年本刊創辦人文曉村先生在世時，經常組團前往大陸訪問交流，由於他是河南老鄉，故河南的鄭州是必到之點。如此這般經過一次次的相互交流，就和他們建立堅強的友誼。如今文老去世後，河南省就難得再前往。此行恰好有這個機會，於是我就徵得大家的同意，安排在鄭州市待上一個白天兩個夜晚，和大家見面、敘舊。

在鄭州的一天多時間裡，一切委由本刊大陸代理人樊洛平教授安排，除了參觀河南博物館、鄭州大學新校園外，另安排了兩場正式餐宴（分別由單占生、樊洛平宴請），另一場詩歌交流非正式餐宴，則由孟彩虹女士安排。三場餐宴中，新朋舊友大家相互充分交流，建立良好的友誼。值得一提的，家住洛陽的兩位本刊詩友海青青與李克霞，聽聞我們將到鄭州，特別搭了幾小時的火車趕來相見，其盛情真可感也。

二、抵達芮城參觀永樂宮壽聖寺

結束鄭州活動後，我們搭十一日早上九點半的動力火車由鄭州前往三門峽站。車行甚速，約十一時許抵達。出了車站劉焦智總編、小琴及他的公子等幾位已在站外等候多時。大家見面，分外熱絡。站外陰雨綿綿，且聽說此雨已連下了一個多星期，各地屢傳災情。我心中有些忐忑不安，心中暗想若此雨仍繼續下，則我們此行可能深受影響。豈知第二天中午我們由芮城啓程前往數百公里外的五臺山旅遊時，天氣即時放晴，直到我們十九日離開芮城前一天，雨才又繼續下起。難道天公也在歡迎我們？我在旅途中創作的一首詩中提出此問，當然此是後話。

由三門峽站至芮城市，開車還要一個多小時，且大多是彎彎曲曲的山路，沿途但見道路崩塌，落土處處，十分危險。下午二時許終於抵達芮城劉總編的微型辦公室。稍爲歇息，隨即住進附近的一家「黃河大酒店」，當晚在劉總編的微型辦公室接受他和小琴十分特別的家常晚宴。

十二日上午參觀芮城最有名的一座廟「永樂宮」。此廟主要係供奉道教先師呂祖洞賓。據導覽員解說，此廟係建於元代，至今已有七百多年歷史。原廟是建在黃河邊的永樂鎮，故名永樂宮。後因黃河邊建三門峽水庫，才於三十多年前將廟遷至芮城。此宮佔地甚廣，尤其是分布在龍虎殿、三清殿、純陽殿、重陽殿內的九百多米壁畫，如今已成爲世界級的瑰寶，值得大家到山西旅遊時前往仔細欣賞。

參觀完了永樂宮，我們續往另一座有名的佛教寺廟壽聖寺。此寺建廟至今已有一千多年，寺內大雄寶殿後方建有一座十多層高的舍利寶塔，塔內供奉著釋迦牟尼佛的真身舍利，聽說前幾年寶塔重修後，舉行佛教儀式，寶塔四周還放出一波波的五彩佛光。現任住持釋益西方丈見我們到來，主動趨前向我們問候，並帶我們參觀寺內各項真跡等。

中午由劉總編的大弟山西西建集團董事長劉智強在黃河大酒店的餐廳宴請我們，由於適值中秋佳節，大家分外高興，舊友新朋，紛紛相互敬酒。陪同我們餐宴的尚有當地耆老張亦農、吉自峰兩位。

下午兩點許，結束餐宴，由智強董事長派了兩輛轎車載我們前往山西中部及北部的平遙古城及五臺山旅遊。

三、平遙古城及五臺山之旅

平遙古城位於山西省中部的文水縣，這是一座已有兩千七百多年歷史的老城，並早已列入世界文化遺產。老城的城牆及城內建築，歷朝歷代皆有整修。目前所見大抵是明、清時代的建築。在城外舉目仰望，但見城牆高聳雄偉，氣勢非凡。城牆內街道兩旁建築則古色古香，令人發思古之幽情。

我們的車由芮城下午兩點許出發，先越過中條山行駛在往鄰縣運城的一般道路，一個多小時後抵運城上了高速公路。此後一路暢行無阻往北行駛，抵達平遙古城時已華燈高掛，晚上七點多了。先入住古城內一家「熙仁泰」民俗賓館。然後乘當地三輪觀光車繞行城內外一圈。由於是晚上，一些街道兩旁的景點諸如縣衙署、城隍廟、文廟等看得不太清楚，只感覺古色古香的街道，人來人往，十分熱鬧。

晚上九點多，我們逛玩了街、吃完了晚飯、洗完了澡，六人相約在住宿的旅店內天井石桌椅上吃月餅、嗑瓜子賞月。由於今日是中秋佳節，只聞街道上鞭砲聲不絕。天井上紅色燈籠高掛，在一輪明月的襯托下，益顯古色古香氣氛。我們就這樣在異鄉過了一個不一樣的中秋月圓佳節。

次日早上七點多鐘，我們告別古城，向更北的五臺山出發。車行高速公路約三個多小時，約中午十二時許終於抵達五臺山腳下。由於五臺山區十分遼闊，寺廟眾多，我們一行八人（包括兩位司機）皆未曾前來，如何參觀起，十分爲難。此時只見一位妙齡女郎在路邊向我們招手，趕緊停車，讓女郎上車。原來此女郎是當地導遊，專門在路邊揮手擋車「接客」。一番介紹及議價，最後同意讓她當我們的導覽員。於是車子在她的指揮下，前往區內幾個較有名的寺廟諸如殊像寺、普化寺、五爺廟、塔院寺等參觀。

原本我們計劃參觀一整個下午，晚上也住在五臺山上，第二天早上才離開。但聽這位導遊女郎說，五臺山的吃、住都很貴，若無絕對必要最好不要住在山上。於是大家一番商議，最後決定提早下山返回，預計到百公里外的太原市居住。然而計劃趕不上變化，一通來自台灣的電話，又改變了我們的計劃。

原來我們此行中的一位成員吳元俊老弟，他在軍中服役時的老長官陳定中將軍就是山西人，他聽聞我們一行將前來山西旅遊，特別交待若有機會一定要到他的老家祁縣接受他妹妹一家的款待。我們原本只是口頭說好，但心想不太可能。想不到此時一通電話來自台灣的陳將軍，又一通電話來自祁縣他老妹陳定梅，促使我們改變住在太原市的想法，而直接將車開至約二百餘公里遠的祁縣住宿。

晚上七時許我們的車終於抵達祁縣，陳定梅及她的女兒羅啓莉等來接，先安排大家飽餐一頓，然後安排住宿。第二天早上又以精緻早餐接待我們，然後陪我們前往離祁縣約十二公里遠的喬家大院參觀，直到參觀結束，才互相依依道別。

上午十點半，我們離開喬家大院，車開上高速公路直奔另一城市，位於山西南部的侯馬市。此市有一位葡刊多年忠實詩友馮福祿先生，我和他有約，安排我們由五臺山返回時和他見面。果然在下午一點多我們下了侯馬交流道時順利見面。馮兄帶我們到市區一家餐廳用餐，然後再帶我們參觀市區附近的宰相村等兩個景點。下午三點半我們向馮兄告辭，一路奔返芮城，準備報到參加第二天在芮城舉辦的「永樂宮第四屆國際書畫藝術節」活動。

四、永樂宮第四屆國際書畫藝術節

芮城市有書畫之鄉的美稱，市內名書法家、畫家眾多，當然這和這個城市的幾千年文化底蘊有關，也和當地政府機關十分重視有關。每年的書畫藝術節活動廣邀全中國及海內外書畫家來此共襄盛舉，蔚爲美談。我們六人雖嚴格的說，沒有一個稱得上書法家或畫家，但在焦智兄的力薦下，也順利接到了燙金請帖。

下午六時許，我們由侯馬市趕回，隨即至接待來賓的芮城大酒店一樓大廳報到，領到各種贈品及資料，並住進酒店內。

次日早上九點許，我們每個人都盛裝坐上有警車開道的大巴，來到舉辦活動的人民體育場。下了車大家都嚇了一跳，只見整個體育場內早已人山人海，操場內席地坐滿了至少千餘位的中學生，看台上更早已坐滿當地百姓觀眾。我們被安排最後抵達，沿途接受儀、樂隊的歡迎，而我們六人中陳福成兄被安排坐在主席台上的貴賓席，也可見得大會對我們一行來自遙遠台灣的重視。

十點許大會開始，先有市長等三位重要長官致辭，然後頒發得獎書畫作品獎牌、獎金。接著是精彩的各項表演活動，大家看得如醉如痴，鼓掌連連。整個活動在中午十二時許完滿結束。

除了十五日上午盛大的開幕活動外，大會另安排永樂宮及大禹渡景區一日遊，及各種得獎書畫作品展覽、義賣等活動。由於我們的行程另有安排，故只前往會展中心參觀得獎作品展，其餘活動未能參加。

五、海峽兩岸道德文化交流會

海峽兩岸道德文化交流會，由「鳳梅人」報的總編劉焦智兄召集、主辦，今年也不知是第幾屆了?九月十六日上午九時起，在鳳梅五金行的一間大廳堂舉行。由於吳信義夫婦已先返台，故只剩下我、福成、元俊、奎章四人參加。芮城的作家、文友則來了約五十多人，將整個大廳坐得滿滿。交流會採自由發言，我們四人先報告此行來芮城的經過及感受，也感謝「鳳梅人」報帶給海峽兩岸交流的機會。接著與會來賓也一個個先後起立發言，話題繞著如何加強兩岸之間的交流與互動。在交流的同時，也相互贈書、贈畫或墨寶。氣氛熱絡而活潑。時間過得飛快，轉眼中午十二點多，不得不結束發言，轉向餐廳就餐。

六、芮城與運城兩地風景區之旅

芮城與運城，兩個相鄰的城市，卻因中間隔著一座中條大山，而顯得有些遙遠（目前兩地隧道已在開挖中）。兩地的幾個有名風景區，芮城的九峰山、風陵渡、大禹渡，運城的舜帝陵、關王故里（武聖關公家廟）、鹽池。我們也利用在芮城的最後兩天時間前往旅遊。在九峰山看山水，路邊果園採摘蘋果之樂；在風陵渡看黃河滾滾向東流，一聲雞啼聞三省；在大禹渡看禹王當年治水之地，一棵千年老樹訴說幾千年來承受的八方風雨；在舜帝陵看舜帝仍在台階高坐，膝上五弦琴悠然彈奏「南風歌」；在關王故里看一棵棵大自然的奇蹟，遙想關王當年年少志大的模樣；在鹽池看一望無垠的產鹽之海，想當年運鹽商隊來來往往，此城之名也由此得來。

感謝在運城接待我們的文友管喻、王澤慶、趙波三兄，也感謝這幾天載我們四處旅遊的焦智兄長子劉紅及智強的小舅子玉彬。我們在芮城的這幾天真的辛苦你們了！

結尾

山西芮城九天八夜之旅（此行共十二天但有三天在鄭州），除了會見諸多新朋舊友外，並飽覽各地風光。感謝焦智兄及芮城諸多朋友們細心的安排與接待。希望往後還有機會再前往。也歡迎山西的新朋舊友有機會前來台灣旅遊，接受我們的招待。

最後再感謝此行贈送書、畫以及書法作品給我們的諸位大德，他（她）們是黨忠義、侯懷玉、王澤慶、管喻、趙波、李金銘、張雷、謝廷璧、荆明學、李克霞、趙志傑、范世平、劉有光、楊雲。謝謝大家的盛情！

（二〇一一年九月底完稿）

山西芮城行雜記

二〇一一年九月九日至二十日，應山西芮城『鳳梅人』報總編劉焦智之邀，前往山西省做為期十二天的交流訪問活動。其間行程報導，筆者已在「山西芮城行小記」一文中略述。惟寫完此文後，感覺此行仍有些行程以外的事未能道盡，因此再以另一種雜記的方式列出十二點，補撰此文。

一、行前購伴手禮費思量

欲前往別人家做客，總要帶點伴手禮，何況是組團前往彼岸交流訪問。除了書（自己的著作）外，還有什麼比較適合呢？行前大家商議的結果，認爲帶點台灣的名產諸如鳳梨稣、太陽餅、阿里山茶之類的，除了美味大方外，也可順便爲台灣做點宣傳，應是不錯的選擇。這個採購任務就由筆者負責，屆時大家再一起攤錢。於是行前我跑了幾家賣場，買了各式各樣不同包裝與價錢的鳳梨酥等返家先品嚐，再決定購買哪家？我的行動引起我太太的注意，她說：「我知道台北市某地有一家糕餅店，鳳梨酥非常好吃，店裡經常大排長龍。爲保證新鮮，你們出發前兩天我再去幫你們購買好了。」我說：「好啊！」結果出發前兩天我太太果然特意搭車前往購買，返回後她大嘆：「排了兩個半小時的隊，好不容易才買到……」我問：「怎麼會這麼離譜，要是我早調頭走人了……」

原來我們出發前適逢中秋節前幾日，原本這家糕餅店平常就大排長龍，逢年過節那就更不用說了。所以我們帶著這十幾盒鳳梨酥搭機前往彼岸贈送朋友，送後我總要附加一句：「千萬要自己品嚐，不要再轉送別人喔！」

除了購買鳳梨酥、太陽餅、阿里山茶等外，我私下也購買了一些較有台灣味的紀念品諸如筆、郵票、Q版公仔等贈送彼岸接待我們的好友。這些東西禮輕情意重，相信收到的朋友都會很高興吧！

二、尋人啓事

我們去芮城的第一站是鄭州，在鄭州這個大城市裡有很多葡刊的詩友，但我最想見的是其中四位，他（她）們是樊洛平、單占生、劉福智、孟彩虹。當我把想見的名單和本刊大陸代理人也是鄭州大學教授的樊洛平告知時，單與劉兩位不久即聯絡到了，惟孟彩虹女士卻一直無法聯繫。她原本的電話、手機都不通，連地址也已改了。原本樊洛平教授只要告訴我這種情形，我也只能無奈嘆息而已。然而責任心十分強烈的她並不死心，由於校務教學十分忙祿，她請她的先生郭曉平上網漫無目的去查。查了好一陣子，竟然給他查到一個詩歌網站有孟彩虹這個名字，他趕緊打電話到這個網站詢問網主。後經一番折騰，孟彩虹終於主動回電確認。原來她自三、四年前因結婚生子關係，不但將原本經營得十分紅火的大型連鎖書店關閉，且搬離原住所，電話、手機也都改了。直到前些日子，因兒子已稍長大送幼兒園，她才又和外面聯繫，並重回她最愛的詩歌行列。

當我們一行抵達鄭州當晚，單占生兄在餐廳宴請我們。由於下班後又趕去幼兒園接小孩，虹彩妹妹（孟彩虹的博克名稱，我們也以此稱呼她）晚到了將近一個小時。席間我等得有些心焦，頻頻向洛平等詢問。於是大家都取笑我，勸我稍安勿躁。直到開宴將近一個小時，虹彩妹妹才帶著她的三歲小兒前來赴宴。不久我起身欲走到她旁邊向她敬酒，因一時不慎竟將坐椅掀翻了，引來大家一陣笑聲（笑我太激動了吧）。敬完了酒，我返回座位向大家解釋，我和彩虹妹妹認識已有十多年時間，當年（一九九五年）我第一次隨文曉村等前輩到開封訪問時雙方即已認識（那時她還是一位正值青春年華十八歲的姑娘呢），十多年來我們陸陸續續一直都有聯繫！

在此再次感謝洛平、曉平兩位賢伉儷的努力，才能讓此一兩岸美好的詩歌友誼得以繼續維持。

三、詩歌研討或面相研討會？

九月十日下午，在鄭州的一棟老舊大樓二樓的某房間，孟彩虹詩友邀請我們前去開個兩岸詩歌研討會，這裡也是她們一些鄭州詩人經常聚會的場所。下午三點多我們依約前往，豈知由於中秋節前日，連放三天假，幾位原本說好要來參加的當地詩友都臨時缺席了。現場除了我們六位加孟彩虹、劉福智外，只來了當地一位女詩人張愛萍及由洛陽趕來的海青青、李克霞兩位。而洛陽來的兩位參加一個多小時後也先後告辭趕搭火車返洛。於是現場詩歌研討會不知不覺竟改成面相研討大會，對面相學有專精的奎章兄，此時發揮專長，幫大家一個個看相。只見他幫每位這裡鼻子摸摸，那裡耳朵捏捏，「舌頭伸出來，再伸長一點……」然後滔滔不絕講出一番大道理，唬得大家一愣一愣的頻頻點頭。「我在台灣別人請我看相每次要收新台幣六千元喔」，言下之意，你們今天可是都賺到了。

學會面相這一行可真管用，此後去芮城幾天，只要我們住宿的旅館，或在餐廳吃飯，碰到漂亮的「美眉」，奎章兄就利用他這項專長，幫這位美眉小手摸摸，幫那位美眉鼻子、耳朵捏捏，連美眉最重要的秘密——年齡，「來，附在我的耳朵小聲告訴我」，沒有一位美眉不心甘情願就範，並露出十分感激的神色。

四、人狗之間的超友誼

尚未到芮城拜訪焦智兄時，即已知道他養了一條「很棒的」小狗綽號「天使熊貓」。然而不知道他和「天使熊貓」的感情竟然好到這種程度，我想只能以古人所創的一個成語「焦不離孟，孟不離焦」來形容吧！焦智兄坐在床上吃飯，天使熊貓也坐在床上注視著他。焦智兄將口裡嚼過的肉含在嘴裡，天使熊貓立即以嘴接過吞食。在家中焦智兄走到哪裡，天使熊貓就跟到哪裡，即使睡覺也同寢一室。焦智兄有時有事不得不出門，只見他肩膀上一定站著天使熊貓。外人覺得很奇怪，但焦智兄不以爲意。很多地方無法帶狗進去，如高級餐廳、乘火車或搭飛機等，焦智兄爲了不和天使熊貓一刻分離，一概拒絕前往或搭乘。

焦智兄和天使熊貓究竟是什麼關係呢？我在一首題目爲「天使熊貓」的詩中最後兩句如此寫著：「請問：你們究竟是父子爺孫／還是親密愛人？」我想連焦智兄也無法回

答吧！

五、參加書畫節感覺賺到了

我們此行前往芮城，最大的目的是參加當地一年一度的盛會「永樂宮國際書畫藝術節」活動。此項活動總共四天三夜（按照大會發的秩序冊），不但食宿全免，且每天還送一大盤水果到寢室。一般前來參加的貴賓大都來個一、二天就走了，我們四人（信義兄夫婦住一晚就走了）卻因機票關係，不但有始有終，還多住了兩晚（這兩晚因仍有其他會在召開故我們除了吃飯自理外，其他一切照舊）。感覺是賺到了。

書畫節舉辦幾天，除了白天有活動外，晚上在人民大會堂也上演精彩的「蒲劇」，以招待各地前來的貴賓。由於是免費，只見當地老一輩對戲劇愛好者紛紛前來觀賞，每晚會場總是座無虛席。我曾前往觀賞了兩場，而我們的元俊老弟認爲機會難得，不看白不看，天天前往報到。

六、九峰山摘果之樂與災

在芮城某日，焦智兄安排我們去逛市郊的九峰山。此山屬中條山系南麓的大山，因山有九峰並峙而得名。九峰山景色秀麗，是道教的聖地。據說當年呂祖洞賓曾在此山中的天然洞府修行得道，故在山腳下曾蓋有規模龐大的宮廟，後因各種戰亂而損毀。至今山腳下還看得到當年所蓋殘破不堪的道觀遺址及大型石獸等。

但此行令我最感興趣的還是道路兩旁結果纍纍的蘋果樹、柿子樹。車子開到某個適當地點，我們請司機停車讓我們下車去採摘蘋果、柿子（經過主人同意）。大家都摘了滿滿幾個口袋（主人還客氣的絕不收錢）。這裡出產的蘋果顆粒雖然不是很大，但十分有嚼勁，又脆又多汁。我們每個人當場都吃了好幾個，吃不完的放在包包裡，隔天繼續吃。

當天採摘的柿子，有幾個由於尚未成熟，因捨不得丟掉，就隨手放入大旅行袋中無心帶回台灣。想不到在抵達台灣桃園機場提領行李時，竟被緝毒犬靈敏的鼻子嗅到。只得摸著鼻子到旁邊的單位接受開箱搜查、沒收、銷毀。幸好沒被罰款（按規定要罰新台幣三千至一萬元）。真是「無妄之災」啊！

七、盒子裡拿走的是哪位？

在前往山西芮城的前兩日，為感謝焦智兄的邀請，我特意搭車前往台北市的中正紀念堂買些紀念品。紀念堂內販賣部銷售很多兩岸知名政治人物的Q版公仔，我看中了其中一組，一個長條型紙盒內裝了兩個人物──蔣中正與毛主席手攜手笑呵呵。這豈不象徵目前兩岸和諧互利向前的美景。

到了芮城焦智兄家，我拿出這一組Q版公仔送給他，他高興的接受了。並順手擺在書桌旁。豈知第二天當我們又到他家時，我竟發現這一組公仔的其中一位不見了。只剩下另一位孤伶伶的。我當場詢問焦智兄，焦智兄回答說他至今仍很討厭「那位」，故絕不讓他出現在他的臥室內！

焦智兄盒子裡拿走的是哪位呢？當然，在此我不便公佈答案。

八、鄭州壞人多？

去年，福成兄等三人至芮城拜訪，返程時在鄭州吃早餐時遇見一個「壞和尙」，共被騙了人民幣九十元。他們談笑的結論是「鄭州壞人多」。想不到我們此次取道鄭州搭機返台，仍然又在鄭州機場附近遇到「壞人」，大家當時確實有些氣憤。

話說二十日一大早六點許，我們一行四人（我、福成、元俊、奎章）爲趕搭早上八點多的飛機，在飯店門口由飯店人員幫我們攔了一輛機動三輪車，匆匆趕赴機場。機場離飯店僅一公里遠左右，前一晚我們已詢問櫃檯服務員，告知車資約人民幣十五至二十元。因此上車也沒再向三輪車司機（一老者約六十多歲，看似忠厚老實）詢問價錢。想不到約五分鐘左右抵達機場外圍後（三輪車無法進入機場），司機竟索價人民幣八十元（他大概欺我們非本地人有錢或不知行情）。大家一聽氣壞了，就和他起了口角。最後一番討價還價，還是付了超出價錢一倍多的四十元人民幣。

鄭州壞人多，想不到去年焦智兄在電話中千叮嚀萬叮嚀福成兄他們的這一句話，今年又應驗了。唉，其實哪裡沒有壞人，就看自己出門在外有沒有小心又小心了。

九、最佳「外交部長」

此行我們六人，行前開會大家一致公推我當「團長」，福成兄爲「副團長」兼「會計」。然而抵達山西幾天，大家發現我這位「團長」及福成兄這位「副團長」有些幹假的，倒是團中最年輕的「小伙子」元俊老弟幹起「外交部長」來可是玩真的。我們行程中的一切聯絡事宜包括照相、打手機、發即時簡訊、詢問我們接觸過的每位友人的姓名、手機號碼等，真是鉅細靡遺，無所不包，且處處積極主動。

由於他每到一個新地點，必先四處走動探詢拿參考資料名片等，大家私底下戲稱他為「過動兒」。不過他確實是我們此行的最佳「外交部長」。

十、捐款表心意

為了表示感激焦智兄盛情的邀約，並特意贈送我們每人一大袋景德鎮訂製的碗盤上皆刻有我們每人姓名的陶瓷器。在抵達芮城後當晚，福成兄提出建議，大家合捐人民幣一萬元給「鳳梅人」報，以表達我們的心意，大家一致無異議通過。錢收齊了，但要如何交給焦智兄，以免遭到他的拒絕呢?大家一陣商議，認為利用次日中午智強董事長宴請我們時，大家來個大合照(合照時偷偷秀出裝款的有數目且經過大家簽名的大信封)，然後再將裝款的大信封交給焦智兄即可。

豈知第二天中午，焦智兄竟然沒出席餐宴，福成兄只好把這一只大信封合影後交給智強董事長轉交，我們也算完成了使命。

十一、到過台灣的請舉手?

九月十六日上午，在焦智兄的鳳梅五金行內書畫廳舉辦的「海峽兩岸道德交流研討會」，席間我起立有感而發的詢問：「在座各位曾到過台灣的請舉手。」只見現場六、七十人，大家面面相覷而無人舉手。這讓我不禁有些失望，但轉而一想也在意料之中。因爲現場來者以老一輩居多，他們都已退休，經濟不寬裕，兼且晉南欲到台灣也十分不便，還要千里迢迢的搭車到太原、西安、鄭州等地轉搭飛機，自然大大減低大家出遊的意願。不過現場我還是簡單的介紹寶島的風景給大家，日月潭秀麗的景色，阿里山一生不去一次會「終生遺憾」，還有令人震撼贊歎的花蓮太魯閣風光…

期盼往後兩岸交流更熱絡，直航點越來越多，團費越來越便宜，讓更多的大陸同胞有機會到台灣來旅遊，增進兩岸同胞的相互認識與了解。

十二、談西侯度遺址與『華夏始祖』這本書

西侯度遺址位於芮城市西南方約四十公里的風陵渡鎮西侯度村，這裡瀕臨黃河岸邊，屬於一大片莽莽的黃土高原。這裡是我們華夏祖先的發源地，一兩百萬年前即有人類在此居住，且竟然已知道用火來烤食，並會利用打磨過的石器。這些用火及石器，經過考古學家挖掘、考證後，讓華夏歷史一下子推進了一百萬年以上。可惜現場遺址因離市區過度遙遠，故並不受重視。我們在當地對地形十分熟悉的朋友黨忠義先生的帶領下開車前往，到了現場僅看到一間破舊小房子玻璃櫃內堆放一些未經整理的化石及石器

等。屋外田間築了兩塊刻有「西侯度遺址」的石碑供人拍照而已。

『華夏始祖』一書是一本章回體的小說，內容描述我們華夏的祖先堯舜禹等在雷首山一帶的艱辛奮鬥歷史。雷首山位於晉西南，大致在風陵渡鎮附近。而此書的作者黨忠義先生就是風陵渡人。長期的生長於此，眼觀耳聽，使他對故鄉的歷史有了感情與興趣。經過幾年一再的研讀各種相關上古史資料，又經過一兩年的努力撰寫，終於在二〇〇八年七月由北京作家出版社出版此書，讓故鄉的歷史由往日的模糊變爲清晰。書中適當的引用各種史書材料佐證，讓全書更具權威與價值。

二〇一一年十月三日寫於新北市

卷二：江奎章金秋神州行　華陽居士人相解密

公車之誤及其他

九月九日上午我們由桃園機場搭機直飛鄭州，大約兩個半鐘頭航程即抵達，十分方便、迅速。出了關後郭曉平先生在機場迎接我們，坐上中型箱型車直往鄭州市區，一路上大家有說有笑，好不開心。

車子開出機場一會兒，我突然想到一個問題，隨口即問：「請問此地公車多不多？」忽然一聲緊急煞車，全車人都嚇了一跳。原來開車司機杜師傅以爲我想上「公廁」，就想緊急停車先讓我找地方上，免得等一下開上高速公路就不方便了。原來杜師傅誤會我了，我是說『公車』不是說『公廁』。其實也不能怪杜師傅，因爲當地人稱『公車』爲『公交車』不叫『公車』，因而發生誤會。

抵達鄭州市區我們安排好住宿後，隨即前往某餐館接受當地詩友的晚宴。由於開車的師傅也都是朋友，於是跟大家同桌吃飯。

2011.9.9

2011.9.10

席間我們的領隊——葡萄園詩刊主編台客致詞，並一一介紹雙方認識。台客因見到失散多年的虹彩妹妹，興奮之餘酒興大發，真情流露。主賓間也很多有趣的巧合，我左側的開車師傅名杜華陽，『華陽』二字剛好和我的號『華陽居士』頗有緣；詩評人劉福智，與我們芮城好友劉焦智，也是一字之差；郭曉平、樊洛平夫婦，名字中都有平字。

次日下午大夥一同赴彩虹妹妹所主持的詩文交流研討會，在一棟舊大樓的房間內，大家輕鬆交談了一個下午。期間劉福智教授朗誦了一首長詩，氣勢十分磅礡，聽了令人難忘。爲了感謝主人盛情的款待，我也發揮專長，利用時間幫幾位當地

詩友看相。既聯絡友誼，也讓現場氣氛顯得活潑不少。

晚上虹彩妹妹特別為台客兄下廚宴請大家，虹彩妹妹給台客哥哥準備的菜有一長排（如圖），十分豐盛的晚餐，大家吃起來感受特別不一樣。

宴後，彩虹妹妹親自送台客兄回旅館，我們則坐一趟順風車跟著回來。途中彩虹妹妹唱了一首『甜蜜蜜』，歌聲甜美，帶有深深的感情。眼看不到一百公尺就要到旅館了，突然手機響起，原來處處留情的台客把他的紅色照像機遺留在剛才開會的會場。只見瞬間車子調頭回去，卻未讓我們先下車返回旅館休息，真令我們當場傻眼！

水果之戀

當我們於九月十一日由鄭州抵達芮城第二天，焦智兄派了兩部轎車送我們去五臺山旅遊。五臺山離芮城約有650公里，由於路程遙遠，我們先在中途點平遙古城休息一個晚上，次日一早再趕路前往。車子一路走在高速公路上，感覺當地人開車不太注意交通規則，諸如經常亂按喇叭，不繫安全帶，雙黃線照樣超車等等，這是當地人的行車習慣，不同於台灣。

當地盛產的蘋果及梨十分好吃，價格又便宜。台客在前往五臺山的路上，買了六斤蘋果請大家分享，總共花不到人民幣十元。反而我買了三斤香蕉請大家，竟然也花了人民幣十元，因爲香蕉是由南方運來，故價格昂貴。

台客很喜歡吃當地的水果，沿途但見他經常買蘋果、梨和大家分享。有時怕大家飢餓，也在高速公路休息站小解時，趁機到商店買些餅乾給大家吃，博得大家的好感。

說到水果，就讓我想到我們由五臺山返回芮城後，曾有一天上午前往九峰山旅遊。沿途所經鄉間馬路兩旁，但見蘋果園處處，滿山遍野到處都是蘋果。此時愛吃蘋果的台客忍不住手癢，幾次央請開車師傅停車，讓他到果園裡逛逛。終於開車師傅選定地點停車了，只見台客立即下車，鑽進蘋果園裡，又是照相又是品嚐。當地果園主人十分老實、好客，知我們遠道由寶島而來，不但不收我們的錢，還主動拿出一堆蘋果請我們帶回去慢慢享用，讓我們既感激又感動。（下圖是台客在蘋果樹及柿子樹前的合影）

台客曾主動向我們透露，他小時候曾是放牛的孩子，故對山野的水果情有獨鍾，爬樹摘果更是專業。想不到此種「專業」，到了如今年紀已超過半百了，仍然不改。真所謂江山易改，本性難移也！

在芮城及山西各地旅遊期間，我們每天都要「忙」著吃水果。水果的來源除少部分是自己購買的外，大部分是朋友所送。水果的種類除蘋果、梨外，也有西瓜、葡萄、柿子等。好不容易吃完一批，又來了一批。直到最後一日我們臨上飛機前，大家還在努力消化包包裡的水果。最後台客因捨不得丟掉他藏在大旅行箱裡的幾粒未成熟的柿子，返台後竟被機場的「米格魯」（緝私犬）查獲。還好因爲尚在機場內，故只是繳銷，沒有罰款，否則就虧大了。

平遙古城迷蹤記

位于山西的平遥古城，具有兩千七百多年的歷史文化城，在一九九七年被列世界文化遺產，爲防禦外族侵擾而建立城牆。平遥古城牆周長6163米，牆高约12米，约二平方公里多的面積，城牆以内街道、店舖、樓房大多保留明清時期建築架構。

鳥瞰平遥古城，更令人驚奇，長方形的城牆，包括城門六座，古城的城廓、街道、商店、寺廟等建築雖然古舊，但大體完好。據說此城當年興建時因有巨龜引路，且城牆的設計亦如龜型，故有龜城之稱。

話說路癡甲乙哥倆一對寶來到平遙古城已是黃昏時分，辦好住宿，已夜幕低垂，同行八人（台客、福成、元俊、信義夫婦、本人及二位開車的師傅）坐上平板車，繞城内外一周，走馬看花，有些悵然。甲乙相約次日清晨五點半哥倆再巡禮城内一次，以免光陰虛度。

客管监督电话
5671804

大戏堂

清晨驚醒，躡手躡腳怕驚擾同房元俊之睡眠，以窗外微光看錶，哇！五點四十分了，得快去喚醒隔壁房的信義兄，等待信義兄梳洗，先回到床上鍛鍊每日必修之瑜伽動作，再定睛看錶，哇——不妙，才四點四十分，光線昏暗致看錯時間。好不容易和信義兄等到五點半摸黑外出，行走間汽車、石柱、欄杆等阻礙物甚多，險象環生。急回頭找到小手電筒照明。好不容易摸到門口，慘——古城住宿店大門尚鎖住無法外出，只好等到六點大門開啓時。

哥倆是有名的路癡甲乙，深怕走失，每轉彎處就照相存證以方便記憶。出旅館向右走，第一轉彎左看無路，右轉彎看到城堡，心想向城堡方向一直走比較不會迷路。

看到牆上有『中國酒』字樣之叉路，就以這個記號左轉彎，直直走了好長一段路，心情輕鬆，沿

2011.9.13

2011.9.13
往城堡方向直直走錯不了

途照相、聊天好不快活。

回程中，經過了許多叉路就是沒看到『中國酒』字樣的叉路，心中有些犯嘀咕，莫非沿途專注聊天，錯過『中國酒』字樣的叉路?，走著走著，又過了兩、三個叉路，就是沒看到『中國酒』字樣的叉路，此時距早晨七時正團體集合出發時間，僅剩半個小時，打開相機看『中國酒』字樣之照片，以了解周邊道路情況，兩人心中有些慌，信義兄仍然自信滿滿的說大話：『免驚!我有經驗，在陌生環境中，一定要把旅館名片帶出來，上面有地址，這一丁點地方，不用慌張，只要口袋中有錢，了不起坐車就能解決問題。』他老兄手插入口袋好一會就是拔不出來，我正奇怪莫非口袋太小?他忽然滿臉驚慌大叫一聲說:『糟糕!換衣服名片沒帶出來。』

甲乙哥倆好

真是令人差點沒昏倒過去，我急著翻遍口袋，真是天公疼呆人，總算摸出同房元俊塞給我的住宿名片，『熙仁泰民宿賓館』平遙古城內88號，此時心情輕鬆不少。

信義兄急著前往詢問早起的路人『熙仁泰賓館』怎麼走?答案都是搖頭。幾近絕望的氛圍下，遇一老人家住古城多年，他說再往前直走兩個叉路右轉就對了。這時信義兄充滿自信心大聲的說：『我就知道，我們還沒走到那叉路，根本不用急。』信義兄說『我就知道』，我很有經驗聽這句話，這是死要面子的毛病又發作了。

我們兩個人志趣相投，我的缺點比較多，信義很包容我的缺點，信義說大話的小毛病也不算缺點，我們給終是好朋友，看來甲乙路癡的陰影總是揮之不去。

2011.9.13

2011.9.13

2011.9.13

由面相學談起

「人不可貌相」這句話若成立，以看相爲業的人就少了很多生意，延伸到眼科等相關行業也是一樣。眼睛是靈魂之窗，我們的雙眼天生就是來看人的，男生看女生，女生看男生，異性相吸天經地義。男生不愛看女生，女生不愛看男生，那才真有問題呢！

研究人相學的說法，「人不可貌相」是指不要以世俗眼光看面相來斷定個人的運氣好壞，而是要站在專業人相學的判斷定其吉凶。畢竟專業的人相學研究者並非很普遍，僅以非專業的世俗眼光解讀一個人，謬誤是一定有的。

回憶起我於二〇〇三年到雲、貴地區旅遊時，同行大家都知道我是研究人相學的，當地人對面相也很有興趣，於是請教者絡繹不絕。嚴重剝奪我在旅館內的休息時間。有了那次經驗後，這次去山西旅遊，行程中我特意保持低調，不談人相學。

豈知台客兄好意，在相互介紹場合時幫我大力宣傳。出門在外點到爲止，大家交個朋友也無妨。看相要定流年必須知道出生年月，年輕女孩年齡是保密的，我要她們附耳輕聲告訴我，以免難爲情。至於摸摸手掌、鼻子、耳朵等，是看相時必經的過程，男女都一樣，無所謂吃不吃豆腐的問題（這個說明不知台客兄等人是否接受）。

此行曾爲幾位女生看過相。記憶較深刻的是在某餐宴中，幫一位從西安來芮城參加書畫節的馬小姐看相。我依據其面相、氣色、精神、掌紋及摸摸骨相等回答她說：「妳的個性較強，心事太多，往後簡單一些會比較好，三十歲以前不宜談論婚嫁……」

台客兄見我握手細瞧，又摸頭摸耳等，好似吃豆腐似的顯露羨慕神色。其實

我這個人一向有潔癖，只要看完相後一定要洗手，以防萬一有細菌感染等問題。

由看相使我想到我們此行回程時發生的一件小小憾事。九月二十日是山西參訪留在鄭州的最後一個早晨，我們乘坐早上八點多的飛機由鄭州飛回台北。旅館至機場約500公尺不到，行李重量不輕又很多件，拖著行李前往機場是不可行，必須雇車。清晨六點鐘也沒早餐供應，只有啃焦智兄臨行送的冷饅頭及茶葉蛋，匆匆解決一餐。

大清早旅館接駁車尚未啓動，同行「外交部長」元俊只好央請旅館工作人員幫忙叫車。大清早沒叫到計程車只叫來一部三輪電板車，也只好湊合著上車。四個人行

李七八件，人與物擠滿全車，有些擁擠與狠狽。

終於全部擠上三輪車，此時領隊台客不忘問元俊車資是多少，元俊說頂多二十元，台客說是否要問清楚比較沒爭議。此時我心中有些嘀咕，駕車老人面帶奸詐。然而眼看正副領隊及「外交部長」不再作聲，而時間也確實有些趕，便也不再多說。車子啓動，直往機場方向前進。

大約不到五分鐘抵達機場外圍，三輪電板車突然停了下來。我們正有些詫異，老闆從駕駛座上跳下來，吆喝我們通通下車。大家只得迅速下車。此時領隊台客詢問老闆車資幾何？老闆說：「八十元。」台客一聽當場傻了，急喚元俊等大家共商。於是大家你一言我一語，當場和車老闆爭執起來。爭執了一會兒，老闆自知理虧，主動降價：「那麼拿你們五十好了。」「五十元也太貴了，我們知道行情，只能給二十。」雙方堅持著，最後眼看如此耗下去也不是辦法，福成只好打圓場：「給他四十好了，我們趕時間。」於是台客拿了四十元給車老闆，老闆也默默收了。

可惜當時我的數位相機沒電了，否則照一張這位奸詐車老頭的面相，是人相學上課的好教材。

2011.9.20

2011.9.20

吉人自有天相

九月十一日早上我們由鄭州車站搭動車抵達三門峽車站後，在車站外接待我們的好友焦智兄，就明確告訴我們說，回程由芮城至河南鄭州這段路他要派車送我們，要我們不用買動車票。

山西南部最近剛好碰到雨季，在我們由三門峽開車至芮城的一個多小時，只見道路處處積水、崩塌，十分難行。

雖然我們在芮城旅遊的幾天，天氣適時放晴。但在我們欲離開前兩天又下起雨來，令我們十分擔心返程以何種方式去鄭州較安全。

芮城到鄭州全長數百公里，若由三門峽乘坐動車（時速約200至240公里，低於台灣高鐵，但優於一般火車）約一個半鐘頭可至，若由芮城直接搭車大約要六、七個小時車程，視路況而定。

D1001 09:30开
D123 12:41开
2011.9.11

D1001次 09:30开
2011.9.11

好心
女站務員
本人
信義
信義嫂
2011.9.11

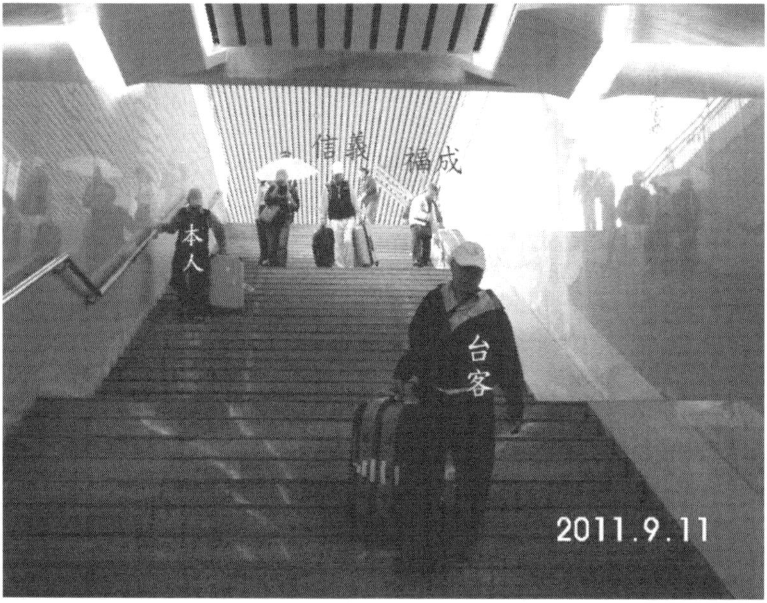
信義
福成
本人
台客
2011.9.11

乘坐動車很快，但回想來時由鄭州坐動車到三門峽時，在候車室中，進廁所必先戴防毒面具（二層口罩）。因爲候車室禁菸，癮君子全在廁所裡吞雲吐霧，不吸菸的人若沒裝備保證暈倒。另進站前大家排四行隊伍候車，好像滿守秩序的。但車子即將進站開放閘門入口時間一到，卻亂成一團，大家瞬間蜂湧而上，秩序大亂，簡直就像難民潮的感覺。

來時到三門峽站欲出站時，電梯竟然壞了，我老人家提著約二十多公斤的大行李箱，扶著樓梯一步一喘氣地走往地下道。所幸在我不遠的一位美麗女站務員看到這種情形，立即發揮愛心過來幫我提下去。此時只見福成和台客兩人提著重達三十多公斤的行李箱一步步艱難的往下走，他們兩人和我比起來算是「年輕人」，所以我「老人家」被優待一下，也算是心安理得的啦！

想到回程時行李比來時增加更多，若搭動車到時電梯壞了，可就不好玩了。但我們一行四人行李一部轎車根本塞不下，若要麻煩兩部汽車載送，也太麻煩主人了。又適逢雨季，翻越中條山的一般道路已封閉，必須改走另一條路，若雨水持續不斷，隨時有交通癱瘓之可能，到時滯留在山西就更慘了。

四人由領隊台客邀集會商，爲不麻煩主人太多，計劃在不告知主人情況下，主動到附近機構，購買開往鄭州的動車票。

十七日早上開會時主人焦智兄得知後，仍堅持要以轎車送我們到鄭州，且說：「我說過的話是四匹馬都拉不回的。」要我們放一百個心。我們怕雨若持續下，路況是否有問題？焦智兄也勸我們稍安勿躁，吉人自有天相。

十九日早晨焦智兄派來一輛中型轎車載我們前往大禹渡旅遊（我們四人的行李剛好勉強擠進後座置物處），中午由焦智大弟智強在大禹渡餐廳歡宴我們。說也奇怪，餐後久未露臉的陽光居然冒出頭來，好久沒見到的蔚藍天空也出現了。

餐宴席間焦智兄要我幫其弟智強就人相學的專業觀點給些建議，我仔細的觀看

了智強的面相說，智強年輕時的運並不好，但溝通協調能力不錯，加上執行力及堅持力，故能創建西建集團。同時我也說，往後應加強兄弟宮的凝聚力，四兄弟應團結一致，才能無堅不摧，且應消除內部矛盾，別讓小人有見縫插針的機會，明年將會更好。

餐後開車載我們前往鄭州搭機的師傅，一路十分盡責。我們一路有說有笑有玩，在開了七個多小時後，終於安抵鄭州，幾天來的不安因而煙消雲散。

在芮城談人相學

看相可以說是看圖識字，必須有圖可看，即一定要觀看來人面相，才能判斷吉凶禍福。不同於八字、紫斗只要有出生之四柱即可以陰陽五行生、剋、會、合、刑、沖、害等法則，算出一個人一生的梗概，並配合流年相理推算出其流年吉凶。

人相學除了要考慮個人先天骨法形格，後天氣色相理外，更要注意集體氣色及周天生態平衡的問題。因爲個人運氣，必然被大環境所支配，例如重大空難事故，罹難者並非全是相理不佳或氣色不好者，實牽累於集體中多數不良氣色相理所產生的磁場，或受自然環境或政治周天所左右。如空難事件，整架飛機中並非人人運氣差，就是一個活生生的例子。

人相學是根據中醫學、生理學、遺傳學，並參考性向學，經過先民的長期觀察、歸納、統計研究出的一門綜合學問，是自然科學，也是人文科學。人相學所引用的理論基礎也有涉及玄學中易理的部份，這是每一種科學都可以去蕪存菁引用的，如果硬是把人相學界定為玄學，那是不科學。

就是因為人相學必須看到當事人，所以精準度就更高。因為先天的時空是過去式，現在已不能改變，但後天的時空是會變化的，若只注重先天的定數，而忽視後天的變化，自然會有落差。

我的恩師人相學泰斗蕭湘居士常說，一個人的後天運氣取決於三個條件，即健康、個性、智慧。健康、個性、智慧都能達到一定水準，而且處於差不多的平衡狀態，運氣不好才怪！試問一個人身體很差，已躺在病床上等死，會有好的運氣嗎？若要深入的剖析這三個條件，至少可以寫

個半本書，在這裡我點到爲止就好。

在山西芮城焦智兄書畫室中所舉辦的「海峽兩岸道德研討會」，出席者非常踴躍，泰半爲地方耆老，大家聚精會神的聆聽著詩人作家陳福成兄的演講（如下圖），這是一場十分成功的兩岸文化交流研討會議。

會後有很多人知我會看相，紛紛向我請教。因爲時間有限，我們急著趕往下一行程。只能簡單的告訴他們，改變個性，養好身體，多看有益的書報及勵志文學，加上堅持，就會成功。我同時留下我的電子信箱 okok88@yahoo.com.tw，方便大家往後聯繫。

看相涉及隱私，只能個別面談私底下告訴當事人。在這裡不妨再透露一下，所謂的『山根』即爲前山之根基，兩眼之間謂之山根。山根過低的人反應慢，抵抗力較弱，應特別注意交通意外及身體維護保養，則可以保平安。同時行善積德也可以補陰騭之氣。

要談的太多，將來有機會再跟各位報告。

特製「果汁」

此行前往山西參訪期間，最令我們最感不習慣的是此地的菜非常鹹，平日吃得非常清淡的我，更是難以下嚥。由台北出發前有人傳授一撇步說山西的醋很有名，多加醋就不鹹了。但這方法我並未接受，因爲只是味蕾的錯覺，鹽份並未消失，有違低鹽清淡的飲食習慣。

山西不產稻米，我向來愛吃麵食，故主食方面我倒是如魚得水。菜色太鹹的解決之道，就是放在桌前的兩杯白開水。食前先把菜在杯中洗滌一下再入口，我與福成都用這方法因應口味極重的菜餚，

倒也相安無事。（下圖可見都是麵食）

出席芮城永樂宮四十周年書畫藝術展期間，每天供應足夠的水果，麵食又是我的最愛，菜餚經洗滌後，重油重鹽口味的問題也隨之解決了。

九月十三日至十七日都在永樂宮書畫藝術展提供的芮城大酒店餐廳享用豐盛的自助餐。某日與一位由太原前來參加藝術節的貴賓同桌吃飯，他見我們桌上都放有兩杯有顏色的水，忍不住很好奇的問我們「果汁」從哪裡取來的？經我們解說後也覺莞爾。

機場錯拿行李記

我的摯友信義兄十幾年前皈依爲三寶弟子，一向奉行佛光山星雲大師的『存好心、說好話、做好事。』三原則。信義兄的優點很多，諸如爲人慷慨、好客、談吐風趣、講義氣、肯學習、樂於助人等等（先聲明，我可不是巴結他才這麼說的）。這次山西芮城六人行，也是託信義兄的福份，我才能擠進行列。

九月九日上午九時許，我們一起搭車由台北家中到桃園機場，在辦理機票託運行李時，我們先再次確認行李是否捆紮牢靠，每人並綁上易於識別的彩帶。我摸出多餘的一條紅色彩帶，送給信義兄要他綁好，以方便下機時行李辨認。信義兄連忙回答說：「不用啦，我這個行李箱跟了我多年，好認得很，錯不了。」我自身帶的橘色行李箱可以說是獨一無二的，但爲了以防萬一，仍然多綁一條紅色彩帶。此時只見信義兄對我笑笑說：「土包子難得出國，多此一舉。」

乘坐南方航空公司的國內型飛機，價格雖較優惠，但因機體較小，座位間走道空間也小。餐車一放，兩邊交通就中斷，想上廁所就變得十分困難。我看形勢不對，盡量少喝流質食品。反看信義兄，不但喝了一杯啤酒、兩杯果汁加一杯清水，沿途還老神在在的談笑風生。

兩個半小時的飛行時間，說快很快說慢也很慢的過去了。一下飛機大夥兒先急著解決尿急問題。信義兄說不急不急，我幫大家看行李，你們慢慢來。信義兄的腎功能真強，令人羨慕。

大夥兒解決了尿急問題，接著便來到領取行李的旋轉盤旁邊，準備提領行李。好不容易轉盤終於動了，大家紛紛

翹首以待，注視著由轉盤內跑出來的行李。忽然，聽到信義兄大叫一聲：「看！我的銀色行李第一個出現了」，接著就一把提起行李放進手推車上。過了一會兒，大家的行李也都紛紛到齊，於是便一起推著手推車往外走。

剛走到關口，就見到前來迎接我們的此行同夥台客兄的好友郭曉平先生，他正笑容可掬的在欄杆外向我們招手。信義兄趕緊趨前握手，兩人笑得好開心（有照片為證）。此時安檢人員突然現身，對信義兄說：「先生，您拿錯別人的行李了，請過來處理一下。」信義兄十分訝異，臉色一沉，心想我的銀色行李箱好認得很，怎麼可能會拿錯呢？

這時沿途一向十分沉默的信義嫂突然說話了。她說：「這有什麼稀奇，他拿錯別人的行李已不是第一次了。每次建議他綁上識別記號，就是不接受，讓他受一次教訓也好……」

大家七嘴八舌議論紛紛，要是錯拿的行李有毒品或違禁品，到時可能就吃不完兜著走。或者，我們剛剛若提早一步走離機場，等於沒帶到自己的行李，那也十分麻煩，不是嗎？

所幸不到十分鐘，信義兄辦好手續，拿回自己真正的行李，沒有惹出更大的麻煩。看來奉行星雲大師的『存好心、說好話、做好事。』平日積德，真的可以補運。

經這次教訓，信義兄終於學乖了，回程由鄭州至台北時，行李箱上也加掛了我送給他紅色彩帶。

卷三：吳信義因緣具足神州行　博學多識廣見聞

我對「鳳梅人」劉總編焦智兄的認識

近兩年來拜讀鳳梅人報。對焦智兄的詩詞、文章論述、著作等等，經過去年十一月及今年九月有幸參訪山西芮城各項活動，兩度拜訪其本人。

要深度認識一個人，除了面見之後的相處，從言談舉止去觀察外，進而從他的文章論著去了解將更能深入瞭解一個人的內在。

在這兒就我所認識的焦智兄作一粗淺之看法：

一、事親至孝的典範：去年焦智兄年邁母親尚在，他帶著福成、元俊及我三人，前往西建公司大弟智強的住家，為我們一一介紹，看到焦智兄打開我們從臺灣帶去的鳳梨酥，一小塊一小塊掰送到母親的嘴裡，這一幕我深深感動，二〇一一年二月二十日高齡九十的劉老夫人不幸仙逝，焦智兄弟及朱陽村全村村民沉痛哀悼，表達無限哀思，今年九月造訪焦智兄，我們一行在靈前焚香祭拜，從焦智兄口中知道其母為村裏做了善行義舉，在在身教言教於兄弟，樂善好施，經常鮮囊濟貧這都是得之母親良好的家教。焦智兄微型辦公室供奉祖先牌位，每日上香心懷感恩，這都是中國孝道文化的典範。

二、堅持民族的認同：對孫中山先生推翻滿清，建立民國的信仰認同下，對破壞中華民族固有文化的痛惡、對中國五千年儒家孔孟思想的維護，對兩岸道德文化的交流，不餘遺力的體現於生活中，以一個從事五金店生意的商人，出錢出力辦了鳳梅人報，以發揚中華文化，孔孟思想爲使命，令我打從心底佩服。今年春節後轉載臺灣山西文獻77期孫穗芳女士（孫中山先生孫女）所寫的一篇「孫中山先生思想／兩岸和平統一的基礎」一文副標題是三民主義是中華民族的靈魂在鳳梅人報連載，可見焦智兄對孫中山先生的推崇。

三、兩岸統一的共識：福成兄在六年前在臺灣《華夏春秋》雜誌發表一篇「中國統一的時機快到了」焦智兄特別轉載於鳳梅人報，去年二〇一〇年十月三十一日中國、芮城海峽兩岸道德文化交流會中特別安排福成兄針對此文專題報告，會中引起與會文友熱烈的掌聲，焦智兄每天必看臺灣政論性節目及關心臺灣政局，對陳水扁擔任八年總統貪汙枉法痛不欲絕，這就是關心兩岸同是炎黃子孫的中國人生命共同體的體現。我十年來擔任中國全民民主統一會秘書長，念茲在茲的也是期待中國能早日全民民主，完成和平統一大業，相信海峽兩岸的中國人像焦智兄的看法都是一樣的人一定很多，讓我們爲共同的目標齊心努力，有生之年樂觀看到中國的統一。

四、對詩詞文學的熱愛：去年到訪的一個晚餐後，焦智兄興緻的爲我們背誦徐剛一百五十一行的長詩「魯迅」抑揚頓挫的語調，加上搖頭悅腦的陶醉，讓我們聞之動容。鳳梅人報常登載許多文人雅士的詩文，如臺客葡萄園詩詞；文曉村的九州釆風；秦岳的大禹頌以及焦智兄的現代詩創作如讀《道德立體交義椅》長詩；在在說明焦智兄熱愛文學歌賦的執著。

五、嫉惡如仇的豪氣：因熟讀孔孟儒家思想，對中國文化四維、八德比一般人來得強烈，尤其對爲政者的貪官汙吏、欺壓善良百姓痛惡萬分，他形容自己是蠟燭，燃燒自己，放出火燭，照亮別人，既使有一天，蠟盡了光不見了，但仰起頭來看得見那一縷直上的青煙，飄往遙遠遙遠，多灑脱的情懷呀！

六、熱情誠懇的待人：因緣際會是很微妙的，去年由福成兄協調連絡我們三人第一次同時見到焦智兄，那是二〇一〇年十月二十九日在西安機場，從未謀面，確有似曾相識的情緣，因爲福成兄早在書報中彼此介紹，一行迎賓團竟然是上午九點就從芮城出發到下午，五點半才見到我們。這分情義不能忘。山西之行結束焦智兄堅持派部車從芮城送我們到鄭州遙遠接送的熱誠永銘於心。

七、節儉樸實的生活：看到焦智兄微型辦公室、不到六坪大的空間擺了一張床、一個茶檯桌、一套木質舊沙發、床上邊有一排簡易書架，祖先牌位在緊靠床頭上。這就是焦智兄的起居兩用臥房加上書房。擠進七、八人就要站立。那麼大的五金行，擁有自己的生活空間那麼小，每天看書、寫稿就在斗室中自得其樂。這種精神生活超越物質生活的刻苦令我佩服。

每人都有優缺點，我以爲焦智兄的優點是足以我們學習佩服，如果要舉出他的缺點應該是心直口快，不向惡勢力低頭，且勇往直前，急公仗義的倔強脾氣，自成風格。

相約芮城：有緣二度參訪永樂宮

二〇一〇年十月底暨二〇一一年九月上旬兩度應邀參訪山西省芮城縣。此行六人中除去年福成兄、元俊兄兩位外，有廖振卿（台客）、奎章兄（華陽居士）加上我與內人舜玉等，我們九月九日上午由桃園機場搭乘南方公司飛機直航鄭州，航程一個半小時抵達。由台客好友樊洛平教授安排鄭州一系列的活動，蒙單占生教授、劉福智教授、郭曉平、樊洛平教授伉儷熱誠設宴迎送，十日下午孟彩虹女士詩歌交流文友餐會別開生面，讓我們留下難忘的回憶。鄭州一日遊，分別參觀河南博物館及鄭州大學（另文介紹）。九月十一日一早我們由鄭州搭動車（高鐵）約一個半小時抵達山西三門峽。鳳梅人報劉總編焦智兄已安排人車等候多時，一出站小琴女士即遞給每人蘋果、月餅。提早過中秋（翌日是中秋佳節）。

每人拿到一張紅色燙金邀請函，函中特別介紹：「地處山西省南邊晉秦豫黃金三角的中心地帶，是華夏文明發祥地之一。這裡名勝古跡星羅棋布，有一百八十萬年前人類最早用火遺址西候度，有精美絕倫的永樂宮壁畫，有佛教祖庭壽經寺；這裡是舜耕歷山、大禹治水、虞芮讓田故事的發生地……是道教始祖呂洞賓的故里。黃河流經縣境108公里，大禹渡、聖天湖、鳳凰咀、百梯山等生態旅遊景觀精彩紛呈，讓人流連忘返」。此行六人承蒙焦智兄的推荐，由中共芮城縣委及芮城縣人民政府联名邀請，於九月十四日傍晚前往芮城大酒店報到，一連五天的中國（芮城）永樂宮第四屆國際書畫藝術節活動，我們以台灣來的貴賓身分參加。九月十二日一早焦智兄安排我們參訪永樂宮，由前芮城縣主任張亦農先生及現任縣政府設計局吉局長自峰先生作陪，我與福成兄、

元俊兄是二度來此，餘三人都是第一次。以下將簡介永樂宮的史實：

二〇一〇年十一月一日永樂宮志編委會副主任張亦農先生送我一本永樂宮志精裝本，厚達三百七十頁，其中壁畫均是銅板紙彩色印刷。彌補參觀時不能拍照之憾。經導覽解說員講解對照人物更能方便瞭解。

一、永樂宮，原名大純陽萬壽宮。最早創建於芮城永樂鎮，歷元、明、清三代和民國以後，一九五九年因地處三門峽水庫淹沒區，開始拆遷，歷時五年多，於一九六四年在古魏鎮復建完工。

二、永樂宮的壁畫是「鎮宮之寶」，分布在四座元代建築的大殿內。這是一部神仙世界的社會結構：

1.三清殿「朝元圖」壁畫：三清殿又叫無極殿，是永樂宮主殿，「朝元圖」畫的是三位宇宙間主神，元始天尊「玉清」、寶靈天尊「上清」及道德天尊（太上老君）「太清」；三清之下有玉皇大帝等八大帝后，之下又有兩百多道府群神，均各在其位，各掌其事。

2.純陽殿壁畫。亦名混成殿、呂祖殿，主神是呂洞賓，壁畫當然是他一生的豐功偉業。其中「八仙過海圖」是民間故事，大家耳熟能詳。

3. 重陽殿壁畫。以奉祀全真教創立人王重陽和七個弟子而命名，故又稱「七真殿」，壁畫內容是王重陽一生的故事及七子活動。

4. 龍虎殿和各殿拱眼壁畫。無極門的東西兩側原有青龍、白虎兩尊高大的塑像，又稱龍虎殿，畫的是山川、城隍、里正等諸神，爲神仙世界的下層社會管理員。

三、永樂宮各殿的拱眼壁畫，現存三百多幅，面積133平方公尺，這些都是芮城子民永遠的財富，國之重寶。

四、永樂宮佔地總面積爲86860平方米。在長約500米的中軸線上，聳立著五座雄偉壯麗的古代建築，是元代所建龍虎殿、三清殿、純陽殿以及清代所建的宮門。

在永樂宮內墻西側，爲一古雅的四合院，花來扶疏，曲徑通幽。上房供呂洞賓像，傳稱呂氏舊宅地即在此處。特此介紹。

傳說中的八仙過海：

呂洞賓傳說出生時，壁畫上有一隻仙鶴欲飛入家中，這暗示一個傳說。八仙中的鍾離權帶上弟子慧童去天上進見玉皇大帝匯報人間奇聞怪事。慧童見老師講的事情太多，等的不耐煩，所以就趁他們不注意時降落人間，欲投胎出世。當他飄游到芮城永樂鎮招賢村時，見一户富貴人家的妻子已懷孕九個多月快要生產。心想積善人家當有餘慶，於時化作一隻仙鶴在呂洞賓的母親臨盆之際飛入房中進入胎氣。

話說鍾離權向玉皇大帝報告完後，不見慧童，四處尋找，天庭內外均不見踪影。鐘離權踩了一朵祥雲到人間找。後來經了解，路人說有一隻仙鶴飛入一產婦家。鐘離權恍然大悟，原來弟子投胎了。心想，待這個男孩長大以後我一定前去度他，還要讓他入道成仙。有詩云：「養就丹砂壽美錦，羽毛曾伴雪霜眠。於今飛入紅帷幕，卻兆佳人產導仙。」

黃粱夢呂洞賓二十一歲時赴長安趕考，途中宿一客店，他催促店家為其煮黃粱米飯後，便倒頭欲睡，沒注意到他身旁的一個道士與他講經說道。道士見狀遞給他一個枕頭便入了夢鄉。夢中呂洞賓中了狀元，當了官，娶了富家兒女做妻子，帶許多金錢財寶榮歸故里好是風光。但好景不長，無緣得罪皇上，官丟了，財沒了，妻子也跑了。恐驚中從夢裡醒來。道士哈哈大笑說：「黃粱猶未熟，一夢到華胥」。說完飄然而去，此道士為鍾離權。黃粱夢後，呂洞賓回到家鄉，那裡正逢災年，呂洞賓心裡很難過，便把家裡錢糧送給鄉親們，族人勸他，要他為子孫著想，呂洞賓笑答：「兒孫自有兒孫福，不為兒孫作馬牛，錢財本為身外物，無牽無掛去求道。」此語成為後人常常傳誦的勸世名言。

參觀永樂宮要導覽解說員才能瞭解壁畫、泥塑、石雕、碑刻，這些建築藝術如何被保護、維護以及修護的用心。我有幸兩度參訪永樂宮，樂於描述一、二大家分享。

參訪鄭州大學暨河南博物院

是因緣際會，我們一行六人由桃園機場直飛鄭州機場航程約兩個小時。台客（廖振卿）文友樊洛平教授特地請他夫婿郭曉平先生來到機場迎接。特別安排一部中型巴士將我們一行六人及行李一起從機場駛回鄭州市區。順路參觀剛興建完工不久的河南藝術中心，外觀像一隻蝴蝶的龐大建築，內有音樂廳、小劇場、大劇院、美術館、藝術館以及水景露天劇場，我們巡禮留影，見識到如此壯觀的建築工程。傍晚時分來到一家餐廳，在那兒大家認識台客的幾位文友，有樊洛平、單占生、劉福智三位都是鄭州大學文學院教授。加上詩人孟彩虹女士，我們接受他們熱誠的招待，提前慶祝教師節（九月十日是他們的教師節）、也提前兩天慶祝中秋節。大夥一見如故，照了許多相。酒足飯飽後由樊教授賢伉儷陪同我們來到鄭州大學接待中心住宿。二宿一天的河南鄭州之行，樊教授特別安排河南博物院及鄭州大學巡禮。

九月十日上午九點我們參觀博物院，樊教授特別請來一位導覽解說員引導參觀，雖是走馬看花，部分文物也允許攝影，以下簡介從河南博物館到河南博物院的歷史背景，提供參考：

一、河南博物院是我國歷史上創建較早的博物館之一

早在一九二七年六月時任國民革命軍總司令、河南省政府主席的馮玉祥將軍就極力扶持文化教育事業，同年七月就指示開封法院西街前法政學校校舍爲館址，是爲河南博務院發軔之始。日月交替，滄桑更迭。九〇年代爲適應今天博物館日益發展的需要。興建如今的新館。佔地十餘萬平方米，建築面積七點八萬平方米，累計投資近三億人民幣，歷時五年建成。一九九七年七月，河南省政府決定，將中原石刻藝術館與河南省博物館合併，成立河南博物院。

二、從白手起家到文物收藏大館

河南地處中原，歷史悠久，文物豐富，是中華文明重要的發源地之一。自古以來，我們的祖先就在這片遼濶的土地上繁衍、生息，創造了燦爛多彩的古代文化，這就爲河

南博物院的發展奠定了堅實的物質基礎。近十年來，隨著文物工作的不斷深入，湮埋已久的地下文物精品，終於重見天日，再現風采。

三、從《民族模型陳列》到《河南古代文化之光》

河南博物院創建伊始，就圍繞陳列展覽各項業務諸如民族模型展覽。陳列以塑像爲主，配合照片，展出古今中外各民族模型。引起廣大市民的熱烈迴響。一九七七年到一九九七年的二十年，陳列展覽工作做得有聲有色，是大發展的二十年，並逐步確立了全國文物大館的地位。

四、從《河南博物館館刊》到《中原文物》

有著七十年歷史的河南博物院，不僅是文物薈萃之地、文化教育的場所，同時又是科學研究的重要陣地。一九七七年，由河南省博物館主辦的全國第一家省級文博期刊《河南文博通訊》創刊，一九八一年更名爲《中原文物》。二十年來始終擔負著向社會宣傳文物保護政策和弘揚優秀民族文化，促進學術繁榮的多重使命，逐步形成了具有地方將色和獨特風格的學術期刊，越來越受到文博界的重視，已成爲研究史前文化、夏商文化、漢畫、楚文化及科技考古等領域的重要園地，並且連續被評爲河南省一級期刊和中國社科類核心期刊。我們看到了河南博物館數十年來的光輝歷程，同時也看到累累碩果的背後，有著河南博物院多少人的不懈努力，默默耕耘，做出了突出的貢獻。（以上摘錄參考河南博物院張得水研究員所寫建院歷史）。

是午由郭曉平、樊洛平賢伉儷安排在鄭州市一家有名的麵食館「蕭記小館」設宴爲我們歡慶中秋節，佳餚美酒，盛情不在話下。下午樊教授陪同參觀鄭州大學。茲簡介如下：

鄭州大學是河南省惟一的一所國家「211 工程」重點高校，是中共教育振興行動計畫在河南省惟一重點支持的高校，也是教育部、財政部和河南省人民政府共建的地方性高校。校本部包括新校區、南校區、工學院、醫學院四個校區，總佔地面積 7311 畝，其中坐落在鄭州

高新技術開發區的新校區佔地面積 4845 畝，圖書館藏書 390 萬冊。校本部現有全日制普通在校生 4.4 萬人，其中本科生 32542 人，碩士研究生 4710 人，博士研究生 354 人，外國留學生 470 餘人，專科生 4830 人。另外，成人教育學生 1.2 萬人，現代遠程教育學生 7500 餘人。現有編教職員二 5500 人，其中，專任教師 2389 人。教授 475 人，副教授 1200 餘人，博士導師 136 人，碩士導師 1100 餘人。鄭州大學積極開展對外交流，目前與美國、英國、法國、日本、加拿大、澳大利亞、台灣、韓國、香港等 64 所知名學校建立了校際合作關係。目前鄭州大學正朝向建設成爲國內一流、國際知名、具有區域示範作用的綜合性大學而努力中。我們一行六人乘車，在樊教授導覽介紹中，看到現代化的硬體建築及完美的軟體設備，不得不佩服鄭州大學爲國家培養人才的努力與貢獻是有目共睹的。不愧爲一所高起點、高標準、高品位的生態化、智慧化、現代化的一流大學。

介紹喬家大院博物館

常說計畫趕不上變化，變化趕不上一通電話，九月十二日晚上我住宿於山西省文水縣的平遙古城，俾便翌日一早前往二、三百公里外的五臺山，車行高速公路三個多小時，透過當地導遊小姐的建議，只花短短幾小時參觀了殊像寺、普化寺、五爺廟、塔院寺。這是五臺山名寺的重要景點，一一留影後，我們一行準備到太原市的途中，陳將軍定中先生一通盛情的電話，要我們前往祁縣，由他妹妹安排住宿，隔天前往喬家大院參觀。大家欣然同意多了一個博物館參觀。

九月十四日上午我們一行八人（兩位開車師傅）一起參訪喬家大院，由定梅女士及女兒陪同，請了一位解說員引領我們一一參觀，藉此簡介如下：

中國著名建築專家鄭孝燮說「北京有故宮，西安有兵馬俑，祁縣有民宅千處。」中國歷史文化名城——祁縣的民居，集宋、元、明、清之法式，匯江南河北之大城，其中最出名的就是喬家大院。喬家大院位於山西省祁縣東觀鎮喬家堡村，北距太原市54公里，南距祈縣僅2公里。它又名在中堂，是清代全國著名的商業金融資本家喬致庸的宅第。始建於清代乾隆年間，以後曾有兩次增修，一次擴建，經過幾代人不斷的努力，於民國初年建成一座宏偉的建築群體，並集中體現了我國清代北方民居的獨特風格。

大院爲全封閉式的城堡式建築群，佔地10642（約六十畝）平方米，建築面積4875平方米，分六個大院，二十個小院，三百一十三間房屋。大院三面臨街，不與周圍民居相連。週邊是封閉的磚牆，高十米有餘，上層是女牆式的垛口，還有更樓、眺閣點綴其間，顯得氣勢宏偉，威嚴高大。大門座西朝東，上有高大的頂樓，中間城門洞式的門道，大門對面是磚雕百壽圖照壁。大門以內，是一條石鋪的東西走向的甬道，甬道兩側靠牆有護牆圍台，甬道盡頭是祖先祠堂，與大門遙遙相對，爲廟堂式結構。北面三個大院，都是蕪廊出簷大門，暗櫺暗柱，三大開間，車輛出入綽綽有餘，門外側有栓馬柱和上馬石，從東往西數，依次爲怡老院、西北院、書房院。所有院落都是正偏結構，正院主人居住，偏院則是客房傭人住室及灶房。在建築上偏院較爲低矮，房頂結構也大致相同，正院都爲瓦房出簷，偏院則爲方磚鋪頂的平房。既表現了倫理上的尊卑有序，又展示了建築上層次感。大院有主樓四座，門樓、更樓、眺閣六座。各院房頂有走道相通，便於夜間巡更護院。

綜觀全院佈局嚴謹，設計精巧，俯視呈「囍」字型，建築考究，磚瓦磨合，精工細做，斗拱飛簷，彩飾金裝，磚石木雕，工藝精湛，充分顯示了中國人的勤勞以及建築工藝水準，素有「皇家有故宮，民宅看喬家」之說。二十世紀三〇年代，著名建築學家梁思成稱喬家大院爲「清代民居建築藝術上的一顆明珠」。一九八五年，祁縣利用這所古老的宅院成立了祁縣民俗博物館，一九八六年十一月一日正式對外開放。陳展五千多件珍貴文物，以山西晉中一帶爲主的民情風俗，陳列內容有：農俗、人生儀禮、歲時節令、衣食住行、商俗、民間工藝，還專門設立了喬家史料、喬家珍寶、影視專題等陳列。

自開館以來，已吸引數以千萬的海內外遊客前來參觀。尤以一九九〇年張藝謀執導的電影《大紅燈籠高高掛》在此拍攝，從此喬家大院開始聞名遐邇。中共於二〇〇一年公佈爲全國文物重點保護，二〇〇二年被旅遊局評定爲 A4 級旅遊景區。二〇〇九年七月被中共國家文物局授予「國家二級博物館」榮譽稱號。五臺山一遊，隨緣順道參觀喬家大院，回芮城途經侯馬市，幸會台客一位葡刊詩友馮福祿先生，除了熱忱招待午宴，餐後又帶我們參觀市區內的宰相村，若不是要趕回芮城參加「永樂宮第四屆國際書畫藝術節」活動的報到，大夥仍意猶未盡。

總之這要感謝焦智兄此次的精心安排，加上元俊兄、台客好友的因緣際會，才有這麼多采的參訪。藉此文一併感謝提及的好友們。有緣來年在兩岸相約再見！

山西平遙古城歡度中秋

山西芮城行，除了應邀參加永樂宮第四屆國際書畫藝術節一系列的活動外，焦智兄特別安排我們五臺山二日遊。

從芮城開車到五臺山約五百多公里，爲免旅程長途坐車之苦，中途客居平遙，大夥才有機會參觀平遙古城，並夜宿於此。九月十三日午由西建集團董事長劉智強先生在芮城黃河大酒店宴請，提前歡慶中秋。由張主任亦農先生、吉局長自峰先生及揚主任增選先生作陪。兩點多賓主盡歡結束餐會後即前往旅遊。目的地是平遙、五臺山。

前往平遙經平陸到運城直上高速公路，車行近五小時，抵平遙古城時已近黃昏，住宿於熙仁泰飯店（平遙縣人民政府指定三星級民俗賓館）古色古香的引人思古幽情，因古城面積太大只好搭乘觀光旅遊車，走馬看花，從城內到城外，走過民居、店鋪、廟宇、城內街道、古建衙門、市樓、商店等，下車後大家提議徒步觀光，走了個把小時才於館子晚餐，品嚐平遙牛肉，果然名不虛傳，讚不絕口。餐後大家相約晚上十點於住宿屋外天井石桌椅賞月，有芮城帶來的月餅、蘋果，我們在異鄉歡慶中秋。特別一提的是古色古香得古城，硬體建築被當局規定，不准改建、但屋內的軟體設施如浴室、電視、冷暖器、燈飾全是現代化設備。天井望去家家戶戶紅色燈籠高掛，加上明月高弦掛，好美的中秋夜，遠近傳來不絕於耳的炮竹聲，確實有幾分過節慶氣芬，大夥天南地北，無所不談，近午夜有少許秋涼，才各自回房休息。與友人相約翌日早起逛古城。

古城的清早顯得格外冷清，除了賣菜的小販就只看到打掃街道的清潔工，原來古城是夜生活，商店都是午夜打烊，早起的人除了運動的老年人，看不到商家做生意，享用早點要走到城外五百公尺遠，也是他鄉遊客感到奇怪的現象。遊五臺山順道一覽平遙古城特別要介紹其歷史風貌分享：此乃一座具有兩千七百多年歷史的文化古蹟。於一九九七年十二月被列入《世界遺產名錄》。平遙舊稱「古陶」西元一三一四年再度重築擴修，並全麵包磚，西元一七〇三年因康熙皇帝西巡路經平遙，而加築了四面大城樓，使城池更加壯觀。城牆總周長 6163 米，牆高 12 米，面積 2.25 平方公里。城牆以內街道、舖面、市樓保留明清形制，城牆以外稱新城。這是一座古代與現代建築各成一體，交相輝映，令人遐思不已的旅遊勝地。

平遙古城始建於西元前八二七年—七八二年間的周宣王時期，現在看到的古城是明朝初年，爲防禦外族南擾，始建城牆。周長**6.4**公里，是山西也是中國現存歷史較早規模最大的一座縣城牆，城牆上還有七十二個觀敵樓。牆頂外側有垛口三千個，傳說它是孔子三千弟子，七十二賢人的象徵。這座堅實完整的磚石城池，數百年來在軍事防禦和防洪擋險等方面，發揮了很大的作用。城內街道、古建衛口、市樓、商店、居民等保留原有的明代形制，是中國目前重點文物保護單位。

到過平遙的人說：「**走進平遙，就如同走進一座大型的歷史博物館**」，人稱平遙有三寶，砌成的古城是其一：這是一座完全按

照中國漢民族傳統城市規劃而成的縣城。在封閉的城池裡，以市樓爲中心，有四條大街、八條小街及七十二條小巷，經緯交織在一起。全城現存的四合院民居 3797 處，其中四百餘處保存相當完好。出古城北面向東北有鎮國寺，它是古城第二寶。該寺的萬佛殿建於五代（西元十世紀）時期。目前是中國排名第三位的古木老結構建築。距今已有一千多年歷史。殿內的五代彩塑是不可多得的雕塑藝術珍品。古城的第三寶是位於城西南方向，重建於西元五七一年的雙林寺。在該寺的十餘座大殿內有元代至明代的彩色泥塑兩千多尊，被人們譽爲「彩塑藝術的寶庫」。

今天的平遙古城依然充滿了魅力。在時下許多文化古城爲興建商業而被解體破壞的時候，平遙古城卻如此完好保存下來，扮演中國歷史上一幅非同尋常的文化、社會、經濟及宗教發展輝煌的角色。我等六人有幸一遊，特別介紹諸好友，到了山西莫錯失夜宿平遙古城，一覽古城的原始風貌。

向贈送書、畫的好友致謝

是兩岸同族、同文的血脈關係，是焦智兄同鄉、同儕的藝文關係；使我們芮城之行，滿載而歸，除了溫情、熱情加上文化情。因爲人人拿到不少書與畫。第一天近午來到芮城，在雨中承蒙李金銘先生熱心，引導我們參觀民國初年辛亥革命先烈的遺址，距今整整近百年的建築，已殘破老舊，但當地政府仍視爲古蹟保存。據傳景耀月先生曾在此校址服務，國父於民國初任命他爲教育部次長。

據李金銘先生說他彙寫《辛亥人物景耀月先生》一書，費時二十餘年。令我感動的是未曾謀面的他，竟能從焦智兄提供的資訊一一認得我們每一個人，將此著作署名相

贈，這分情是永銘難忘。當然也是與焦智兄有這分深交。在芮城停留期間，承蒙藝文好友贈送書、畫、墨寶，並與大家合照留念。將於出書時呈現。在此僅代表一行六人向趙志杰先生、范世平先生、郭玉琴女士、董世斌先生、劉有光先生、劉增法先生以及黨忠義先生致最高謝意。

因緣都是這樣來的

焦智兄：

今天又收到您寄來的鳳梅人報兩大份，謝謝！我將轉送元俊老弟以及一些好友分享。您對中華文化深度的許多觀點，我很認同。

今天與山西文獻社長兼總篇席涵靜教授通話，他告訴我每期都收到您寄給他的鳳梅人報，也寄了山西文獻到您處。原來您們早已有書報往來。他對您兄弟倆都很熟悉呢？這就是因緣俱足，我也會介紹福成老弟與席社長認識。

再度感謝也代問候令弟智強及一些好友。

弟信義敬上

焦智兄：寄來十五份報紙收到，感佩您爲弘揚中華文化所付出的辛勞！上次來電提起是否能得知孔子七十三代子孫，弟也轉知福成兄一起來查詢。希望能如願！我們會繼續努力。弟本月九日至十六日赴湖南參加中華湖湘文化交流，順遊張家界。台灣山西文獻社長兼總編席涵靜教授是家岳父的晚侄輩與弟是老熟識，弟會請他寄山西文獻提供參閱。祝新春如意！

弟信義敬上

信義兄：　您好！

中午看到大嫂的短文，如沐其面。——到底是從事了半輩子文化業的專家，文字功底就是不一樣。語言流利暢通，品嘗這些文句，的確是一種享受。謝謝！謝謝！

至於你說的「垣曲」和「陽曲」，我剛才才弄明白。「垣曲」是運城市的；「陽曲」是太原市的。

今天下午收到臺北陳景陽老先生長達九頁的親筆信、還有書、稿件等，初閱後，相當感人。電話打過去幾次，一直無人接聽，想表達去感激之言，卻無法聯繫，——去信來往太慢，急煞人也！煩您就近去電話：把我的信箱告訴他。也讓我知道他的信箱。這樣聯繫最方便。

愚弟焦智

編者按：以上三封信從電腦列印下來，時間都是二〇一一年內。

卷四：陳福成兩岸統合春秋業　生生世世不忘的使命

啓航

我們自南方起航
千山萬水
航向河之南
航向山之西
找尋我們生生世世渴求的夢土
一座理想國

找
天之堂
神之州
龍之故鄉
我心中的靈山

不會從天空掉落
尋
我見群龍舞起
風雨
溫潤一個個
巨大的龍珠
又起航
從日到夜又從夜到日
從生到死又從死到生
找不到絕不甘心
我們又起航、起航
航向理想國度
找我們的心上人
在河之南
在山之西

孟彩虹的詩藝晚宴

孟彩虹以浪漫唯美的手藝
在茶館中編織一道彩虹
端出一道道色香味俱全的
真情

四方的才子佳人
被這種真情吸引
眾聚於彩虹裡的茶館
那些冷卻的回憶慢慢加溫

有一種愛‧情秘藏於友誼之內
使小小的茶館成為一座烘焙屋
你烘焙我　　我烘焙你
彼此，以溫熱的心烘焙著

烘焙的過程中
詩、歌、酒，加上笑語攪拌
大家都想織夢　才使
孟彩虹的詩藝晚宴　如彩虹之美

眾花舞春風

——孟彩虹的茶館

是秋天耶
這裡漫溢著春天的氣息
眾花舞春風
快樂在每個人臉上飛揚

幾種不同的花
幾株不同的樹
樹也會開花
都把密藏的心事以艷麗的綺情綻放

各家在囿限的空間展演他無邊的宇宙
海青青行銷「牡丹園」的四季
張愛萍詮釋「我的二十四氣節」
要怎樣的氣節，及氣節的高度

劉福智高歌「啊！中國」
我彈一曲 The House of Rising Sun
孟彩虹編織她色香味俱全的彩虹
亢奮的情緒使耳語開始親暱

江奎章善於洞察群花的前世今生
私密的內情在耳際唧唧我我
偶爾氣候轉型
吳信義的笑話讓群花眾樹笑彎了腰

台客忍不住高歌
唱的是彩虹的夢　把夢解析
是彩虹的情
啊！心事怎麼藏不住了

花園裡的眾花群樹
不是個個愛現
靜靜的賞花看月
是李舜玉以心轉心的智慧

花叢中最不一樣的是李克霞
她總是拈花微笑
也不立文字　語言是多餘的
她畫中有詩　人畫合一

凡走過要留下痕跡
歷史才不成灰
記錄影像的春秋大業
師兄俊歌責無旁貸
其他各樹種花種
也都不甘寂寞
大放高論　百花齊開
眾樹唱歌

這小小的空間這晚蛻變成一方淨土
沒有兩岸你我
只在靈山飲茶拈花
臨別那回眸一笑
便是永恆的記憶

彩虹情思

總是身著豔麗彩粧
在遠處起舞
靜聆
巧笑倩兮
忽隱忽現　若有若無
如夢

我是仙女腰間的彩帶
她遺落在人間
我的美麗如朝露

但我還是喜歡人間
短暫的美麗
勝過天上的長生不死

中秋，在山之西

山之西，秋日的晨風已趕上
台北初冬的情緒　頂舒服的
被眾好友一路接風
是從河之南到山之西的第二天
每個人心空中
中秋月圓高高掛

在永樂宮向眾神祈禱
又在聖壽寺遇見諸佛菩薩
然後再是智強兄的接風
他接的是一道自一九四九年以來

最溫情真誠的風
他接到的是兩岸同一個月圓

接著，一陣風向北吹
過中條山
天空雲霧鋪陳著深厚的歷史與文化
記憶比海更深
一路覓尋到了平遙古城
圓月與行者也不離不棄

這一晚，秦時明月是我們溫柔的地陪
足履輕輕撫摸夏商周的石階
跫音傳來尹吉甫北伐築城的風聲
雙手觸接到隋唐五代的古牆
在古歷史中睡大頭覺

臥「熙仁泰」的古床做明清夢

中秋，在山之西
有生以來第一個山之西的中秋
你覺得嗎？
山之東　山之北　山之南
是一樣的風，一樣的月
不一樣的是：一晚玩過三千多年

小註：西周宣王五年（西元前八二三年），大將尹吉甫北伐時，曾駐兵於此，築西、北兩城垣，這是平遙古城最早的雛形。現在東門尚有「尹吉甫祠」，而「周卿士尹吉甫墓」也仍完好保存著。

我們一行於九月十二日，上午參觀永樂宮、聖壽寺，中午西建集團董事長劉智強先生爲我等設宴過中秋節。之後一路北上，過中條山、運城，晚上約九點才到平遙古城，次日（十三日）早餐後便又北上，趕往五台山。是故，我們在平遙古城可謂「一晚玩過三千年」。

平遙古城

多少歷史上的狂風巨浪
都已被時間吞沒
無數是非恩怨早已沉澱質變成化石
商賈的財富妻妾幻化成
詩人吟弄的風月
只有靜謐的平遙古城戰勝了時間殺手

殺手也有失手、失敗的時候
古城昂然挺立於風雨江山
時間走到這裡全都凝滯止步

同興公鏢局和日升昌票號早已關門熄燈
觀光的人潮錢潮一浪一浪過來
古城的生機生意　永不打烊

看啊！古城的搖錢樹
雕鏤精致的檁、樑、柱、窗
古色古香的磚、甕、壁、瓦
實樸精倫的床、椅、柜、几
高雄古典的寋、畫、書、匾
共構成一幅水墨畫風

這幅中國畫
是中華民族的無價之寶

小註：平遙古城的前世英靈。堯舜有天命築造龜城。傳說，早在四千年前，帝堯被推爲部落領袖後，曾定居平遙一帶。後汾河下游泥沙淤塞，洪水泛濫，晉中盆地被夷爲晉陽湖。帝堯只好帶著他的臣僚及妻室離開故地，順太岳山脈南行遷往平陽（今臨汾）。

帝堯在平陽，生活雖說安定下來了，但對晉陽湖的治理一直不見起色，成爲帝堯的一塊心病。帝堯故去後，舜承擔起治理晉陽湖的大業，並交由大禹具體負責。大禹經過十餘年的努力，終於鑿開了靈石口，把積水疏導入黃河，空出了晉陽湖。大禹治水成功之後，因水災而遷往各地的人們紛紛返回故土。

舜帶著他的兩位妻子，也就是帝堯的兩個出生並成長于古陶的女兒娥皇、女英，以及諸位大臣，一起回到故土陶地，決定在帝堯當初的「封地」修築一座城池。這樣不僅可以使漂泊歸來的眾多鄉親有一處居住生活的地方，而且還可以向世人昭示，這裡就是帝堯的發祥地陶。可是當他們沿著汾河回到故鄉時，娥皇、女英幼時記憶中的美好家園的景象早已不復存在了，舊時的城池已經被河泥所埋沒，蹤跡皆無。這下可把眾人難住了：究竟舊城遺址在哪裡？該在哪裡修築城池呢？

大家一籌莫展之際，忽然一隻金光燦燦、碩大無朋的靈龜，緩緩地從波濤滾滾的汾河中爬上岸來，意味深長地看了看娥皇、女英，然後從容地向前爬去。眾人見了無不驚異。溫和慈祥的帝舜心中一動，對他的兩位愛妻說道「靈龜出現是吉祥之兆，也許是先皇顯靈我們。我們跟著它，它停在那裡，我們就在哪裡築城。」娥皇、女英及眾人都認爲帝舜說的有理，於是眾人一起跟著靈龜向南行進。靈龜來到平遙城池所在地時，就匍匐不動了。於是，帝舜指著靈龜對大家說：「這是上天指定的地方，我們就在這裡築城吧。」帝舜將建築城池的任務交給大禹，使大禹成爲中國歷史上建築城池的第一人。大禹爲了紀念這隻靈龜，建城時即仿照龜的形象規劃城池。帝舜還將此城定名爲「古陶城」，並在北門外設計修築了一座流傳至今的「帝堯廟」，供世世代代的古陶人奉祀紀念。

從此，這座平遙龜城就出現了。（董培良，平遙古城，山西經濟出版社，二〇〇八年九月。）

聽見文殊菩薩的說法

——五臺山在講經

我們一進佛門
導遊左麗紅開始講經
菩薩頂、文殊殿、殊像寺……
都聽見花開的聲音

述說佛陀的心法
緣起性空
慈被眾生
像散射宇宙澄澈的光輝

我們都聽見文殊菩薩的說法
一朵花和古樹下的白鵝
都說聽見了
五台聖境，潤澤有情

塔院寺轉大法輪

──五臺山一點感動

光陰把我們
打的
像一個陀螺
昏頭轉向
向何方

一陣風吹我們到五臺山
轉動生命的法輪
盪漾著歲月的彩霞

瀲灩的光影中
看見了自己輪迴、轉世而來

終點在那裡？
繁華落盡的明天
誰看得見自己的容顏？
如珠圓玉潤
此刻，你是否已明心見性

九月十三日，五臺山，內心的悸動

禪坐五臺山

一入山
紅塵，被定於外
文殊鎮五台
滿山飄著漢藏佛香
旅人啊！片刻禪坐
生命才顯清淨澈明

我禪坐於山
山亦禪坐於我
我們心靈相通

時間為何不拉長，再長
醒後，出山
又將如何？

緣起陳定中將軍
——記祁縣一段情

陳定中將軍早已彌兵
卸了甲　丟了盔
把心愛的戰馬放生

如今
只從雲端下載另一種無形戰力
組裝一種知識性隱形兵馬
且以隨身攜帶的 iphone
在各大戰場講經說法

時而在南方各離島進行跳島作戰
時而北伐中原
都為救度兩岸眾生
為國家之和平統一

這回
陳將軍遙指
山西祁縣　說
那裡的陽光、空氣、水不一樣
和你們的呼吸、血管和腸胃會有感應
那裡的白雲、花木和土地
有你們的基因
你們不須問「酒家何處有？」
我的根長在那兒
自然帶著你們去

祁縣的天空也是藍色的
驚鴻一瞥的笑容如日升之陽
瞬間加溫
像牡丹怒放
親切寫滿了祁縣的天空
啊！同胞、鄉親、好友
我們一見面
彼此臉上就會放電
如春雨滋潤心田
豐盛的晚宴
滿漢幾全的早餐
為我們揚起遠航的風帆
臨別，帶著祁縣的風光

昭餘鎮的美酒佳餚
喬家大院的前世今生
陳定梅的情義、羅府一家的溫馨
也帶著祁縣的一輪明月、和風與升起的太陽
到台灣
永駐吾心

給劉焦智

很久以前
劉焦智是一個遠方的路人甲
我在這頭
他在那頭

後來有秦嶽、文曉村等文化人牽線
劉焦智是山西芮城一個有使命感的文化人
我在這頭
他在那頭

去年
劉焦智終於構建了他和我的小橋
我從這頭
走到那頭

現在、未來
劉焦智等人在那頭埋首
許多人在這頭苦幹
遲早要把兩岸牽在一起

小記：這首詩語氣上，仿余光中的「鄉愁」一詩。

人在江野，給劉焦智

你堅持，人在江湖
不那麼江湖，在江野，純粹的在野
因為禮失求諸野
但難到春秋大義和良心都在野了

詩歌，不分在朝在野
詩歌，乃中道　才有巨大的力量
如一粒種子，神州大地的土壤
到處能播種

文化人以詩歌以情義播種
管他在朝在野
只在乎華夏光輝，民族興盛
還有，國家統一

在「鳳梅人」醞釀著

一方才幾米的「微型辦公室」
究竟能包納神州大地多少個山頭！
能醞釀五千年歷史文化！
能釀製一段緣自
生生世世的友情

在「鳳梅人」笑談古今風雨
終究都雨過天晴
臧否正邪善惡
有誰逃得出春秋大義之裁鍘

於是，我們持續醞釀著
歷史文化倫理道德都在醞釀著
你們在那頭搞
我們在這頭搞
遲早，我們要搞在一起
只要好好醞釀這把火

一群人九月十一日晚上在芮城劉焦智的
辦公室高談論道有感

在芮城「鳳梅人」論道的長者

與秋有約，在「微型辦公室」
一個個端莊的長老
像一首首古詩
有著如春天的活力

長老圍坐著
多有高論
講述自己實證真理的經驗
或治國平天下之大道

濃濃的鄉音穿梭歷史幽谷
半聽半猜中
加上最後的拈「書、畫」一笑
一切都了然於心

九月十七日在劉焦智的辦公室

再訪西侯度人

走千山　遊萬水
有奇緣
引古道
我們二度造訪山西芮城
西侯度人
已一百八十萬歲的中華民族老祖

黃土高原上，尋尋覓覓
荒煙漫草中　驚聞
高齡一百八十萬歲的老老老祖

問罪

待遇怎差那五十萬歲的北京人

許多、許多

小記：西侯度在山西芮城，是中國大地上一百八十萬年前古人類的最初用火遺跡，但並未獲重視加以維護。其重要性遠超「北京人」，我爲「西侯度人」——中華民族最早的老祖宗，抱不平！九月十六日草稿於西侯度，月底修訂於台北。

一條青春永駐的河

一條青春永駐的河
萬歲萬歲萬萬歲的河
還是一尾活龍
許多人知道她的青春美麗
也很多人不知道
許多人擁抱她的壯麗媚力
也有很多人詛咒她

她根本沒聽到
她理都不理

她只顧擁抱著神州大地
為中華子民創造文明文化
她的方法時而溫柔時而偏激
對著堤岸表達激情
是為喚醒她懷抱中的生命

喚醒每一個生命
希望這些生命找到自己的路
縱使一次又一次的改道
也是一種試煉　一種實證
越是驚險萬狀
越要高亢引歌
唱出自己的壯麗

她的脾氣始終不好

但無論如何改道
迂迴，卻不改其志向
她熟悉所有的故事
從三皇五帝、孔孟李杜、秦皇漢武……
到現在我們看見她的風彩
依然青春永駐　媚力無限

小記：黃河，這條「脾氣」不好的河，幾千年來經常改道，但未改其志向（最終的流向）。脾氣雖不好，還是母親，母親是一個「女人」，女人總是很難「搞定」，不是嗎？惟有戰略高度的思維，「治黃」就不難了。

此行，我第二次親臨母親河，看清母親的容顏，她依然青春永駐，媚力不減，你是一條青春永駐的河，你是創造炎黃文明文化的河。

再謁關帝祖廟

三結義光芒穿透時空
為實踐中國統一
漢賊不兩立
你以分身行腳遍及神州大地
又跨過海峽　寶島走透透
如今以電視向台民宣說
春秋大義之法要
再臨祖廟沐浴帝君的神彩
我胸起伏大過海峽的浪

血管連接了長江黃河水
想那濁水溪的水滴
還有多少清明？多少明禮義知廉恥？
還能掀起多高浪頭？

世上最短的是生命
最輕的是，你的項上人頭
但最長久、最永恆的
也最美的
是你人頭裡
那個「義」字

運城鹽池神廟

微風在細雨中
窸窸窣窣的嘆息
為什麼？人的無心
神去廟空
廟也荒廢

風勢陣雨以趨強的批判力道
何樣理由？
叫千歲神廟任其在神州大地
衣衫襤褸

211　運城鹽池神廟

呼救無門

九月十八日參訪運城鹽池神廟，千年重要古蹟，任其荒廢，殊爲可惜！

九峰山的蘋果

九峰山
經呂洞賓等眾神仙加持
芮城子民智慧耕耘
如今，滿山遍野的蘋果樹上
長滿金晃晃的圓寶

那層層疊疊，簇簇叢叢
爭相驚艷的，盡是金元寶
盈盈豐碩是大家邁向富強的本錢
纍纍的幸福
保障子民的大未來

在大地種一棵深情

——給鄭州和山西的朋友們

秋高氣爽，也是種樹的季節
是種一棵情樹
我們花了好些時光搓揉心情
挑選每一處可以種情
種下深深的情
的好地方

鄭州大學、鄭州博物院……
芮城永樂宮、西侯度、大禹渡、關帝廟……

平遙古城、五臺山、喬家大院……
我們種情且留情
我們是多情種的民族
你們守護著這一株株深情

現在這樣種情的人越來越多
來年必開花結果　成林成森
而當生命走向未來
國家民族早已一統
我們見或未見並不太重要
重要是：我們共植過一棵深情樹

我們

以因、以緣
每個人轉動自己生命中的法輪
因緣俱足
轉在一起　而成
同路人
看啊！每個人的臉上
有四季的光彩
有風雨的陣仗
無金山銀山可揮灑
無官府衙門的高度

我們一路同行
河之南
山之西
天之涯
當江河把歲月的影子沖碎
靈魂和枯骨加加減減後
唯一能在生命中不朽的
能攜往面謁佛陀菩薩的
是愛與和平
以及我們的真誠和真情

小記：人到了「一定的年紀」，對所謂的「人生、朋友、同路人」，必有新的定義。終於，發現人際關係的「真相」，除了「真誠、真情」，別無他物，真的；反之，失了真誠、真情，更無一物。

釀一甕上好的友情

我們釀一甕上好的友情
要花多少時間
是漸
還是頓

我等一行才幾天
兩岸共釀友誼的美酒
一甕美酒
兩岸生香

在乎啥？

無須在乎河之南、河之北
也無須在乎山之東或山之西
因緣都安排好了
回家　是生物的本能
每段路的跫音都是呼喚

要在乎的
是那路上的跫音
鄉村的雞啼
是否叫醒了你
沉睡千年的靈魂

大地的嘆息

一堆長滿老皮的紙屑躺在路邊
又有一個個年青的紙屑被誰遺棄在巷口
許多紙屑躺在地上耍賴、爭議、吵架……
土地以無言抗議

一截煙蒂被人從嘴裡丟了出來
又有更多被截肢的煙蒂躺在地上哭泣
許多煙蒂無可奈何，無力自救
土地以無言抗議

一口痰以東風飛彈的速度從車窗飛出
不斷有各型飛彈、子彈射出
對著地面或其他轟炸
土地也只能嘆一口氣

天空的烏雲濛濛，心情很灰色
路上人車爭搶優先權
大家到底要去那裡？要做什麼？
土地神殤、傷神啊！

小記：社會發展須要時間，再給大陸三十年改進這些問題。

河南山西行印象

枯藤老樹昏鴉，那裡找？
小橋流水人家，鄭州大學或九峰山下
大城裡高樓快要擠破了天空
車流人潮拼經濟
古道．西風．瘦馬，意見最多
　　條條大道通北京
高鐵動車把邊陲變核心
西風不吹
東風流行
肥羊、壯牛、神駒、大貓……

　　卻都像一條龍
　就是找不到病貓
夕陽西下，市場、賣場、戲院、公園……
　　倒像東方升起的太陽
斷腸人在天涯，那是一九四九吧！
二〇一一年九月
長風萬里六人行
神州大地　風光好看
前景看好

卷五：風雨難阻根祖情　芮城忠義來相助

風雨難阻根祖情

黨忠義

二○一一年九月十四日，接到焦智兄的電話，說作家陳福成先生等四位臺灣文化界朋友明天要到西侯度遺址和風陵去參觀祭祀，明天一早就過去了，要我陪同前去。

接完電話後，我的心裏很高興！對陳福成老師仰慕已久，一直很想見到他。二○○○年九月，陳老師等臺灣同胞回大陸參加中國芮城海峽兩岸道德文化交流會，因出差沒有能見到，當時就非常遺憾。過後，看到了他的大作《在「鳳梅人」小橋上——中國山西芮城三人行》，仔細閱讀之後，對這位曾經的臺灣大學主任教官、《華夏春秋》雜誌社社長的拳拳赤子之心、悠悠愛國之情就非常敬慕，真的是相見恨晚！

第二天早上一起床，佈滿天空的烏雲和淅淅瀝瀝的小雨讓我心裏很煩。越下越大的連陰雨肯定會影響朋友們的行程，帶著迫切的心情，我給焦智兄打了個電話詢問臺胞當日的日程。他告訴我，因爲時間關係，也因爲天氣的原因，臺灣朋友的日程有所改變。

他們要趁前半天雨還不大的機會，先到九峰山去拜謁呂祖，主要是怕雨下大了上不了山，後半天才能到風陵渡。聽了他的電話回答，我的心裏就有點涼：預告是小到中雨，前半天是小雨，後半天肯定是中雨，如果雨下的大了，朋友們肯定就來不了了！即便來了，活動也會非常困難的。

果不其然，老天好像故意在和我作對，中午時分，雨越下越大，小雨真的轉成了中雨！

完了！今天看來是不行了！

我的心情和當時的天氣一模一樣，非常沉悶！

下午兩點多，開車的陳師傅來了一個電話，說他們正在去風陵渡的路上，一會兒就到。

陳師傅的電話讓我很吃驚！下這麼大的雨，這些同胞們還能堅持過來，真是難能可貴！

臺灣同胞的精神鼓舞了我，我冒雨從家裏出來，按照電話約定，提前來到風陵渡開發區機關的門衛室，在那裏等候遠道而來的貴客。

三點多一點，車子便開到了開發區辦公樓的門前。因爲雨下的有點大，我從傳達室出來之後，疾步走到了車子跟前，拉開車門，趕緊鑽進了車子。

車子上坐著四位臺胞、一個司機。車上的五個人，我一個都不認識。臺胞們拿出了自己的名片，逐一向我作了自我介紹。他們分別是：陳福成（中國文藝協會理事、中國詩歌藝術協會常務理事、作家）、江奎章（著名易經相學大師，號華陽居士）、廖振卿（葡萄園詩刊主編、臺灣中國詩歌藝術學會常務理事）、吳元俊（台大退休人員）。

一陣握手寒暄之後，大家便冒雨驅車，沿著崎嶇的的山間小道去了西候度遺址。好在沿途都是瀝青路或混凝土道路，雨雖大但並無大礙。可是，萬萬沒有想到，當車子上到首陽山頂，快到西侯度村的時候嘎然而止。坐在後排的我沒有注意前面的情況，只聽司機陳師傅說道：「前面橋斷了！」

聽到這個不祥的消息之後，大家都下了車。

連續幾天的大雨，少見的山洪將路上的這座小橋沖塌了一半，僅剩下剛好一轍路寬窄的一點點路面，小橋的北邊已經變成了陡峭的懸崖，看起來非常危險！車子是不敢貿然開上去的。

怎麼辦呢？陳福成先生斷然決定：「車子不去了，咱們走著過去！」

前面還有最少一公里半的路程！雨傘也不夠，我不忍心讓客人們這麼辛苦。可在半路上又沒有更好的辦法，只好按照陳先生的意見冒雨前行。

讓人沒有想到的是，就在大家還未動身之際，車子竟然停在了大家的面前。原來，就在大家束手無策的那個時候，開車的陳師傅在橋上仔細觀察一會兒。有了幾成把握之後，他竟冒著生命危險，將車子開過了小橋。上車之後，大家的心裏都很感激，但還是埋怨他不該冒這麼大的危險。陳師傅笑了笑說：「我不想讓大家冒雨走那麼遠的路。」

幾分鐘之後，車子便停在了西侯度文管所的門前。文物管理員薛俊虎老先生挺著矍鑠的身板，邁著剛健的步子從屋裏走出來，熱情地和大家一一握手。一番寒暄之後，大家便冒著雨，走到西侯度遺址的石碑旁照相、合影。

照完相之後，薛俊虎趕緊把大家邀請到屋子裏。

這是一座三間大小的民房，北邊的一間是陳列室，擺放著薛俊虎多年來搜集的石器、燒骨和化石。薛俊虎今年七十三歲了，過去曾是西侯度村的黨支部書記，自從村幹部的崗位上退下來之後，他一直在義務保護著這一塊自己心目中的聖地。一直到二〇〇九年，縣博物館才給他落實了每月兩百元的補助。老人家並不在乎補助的多少，幾十年來，他放棄了自己的全部，全身心地投入到整理和保護這些珍貴的歷史文化遺產之中，爲發掘、整理和保護華夏民族占老的歷史文化做出了突出的貢獻。

一行客人進了展覽室之後，薛先生便熱情、詳細地介紹了西侯度遺址的概況和那些遠古人類留下的珍貴遺物。

看完遺址的遺存之後，大家都想到古文化遺址的發掘地點——6053 地點去看看。因爲羊腸小徑泥濘難走，沒有能夠如願。很不甘心的臺胞們冒著雨上了遺址的主峰（人疙瘩嶺），一覽雷首山脈的全景，覓尋著遠古祖宗的足跡。

詩人廖振卿（台客）在雨霧濛濛的人疙瘩嶺上，腦海裏很快就構思了一篇佳作〈在一百八十萬年前〉：

在一百八十萬年前
這裡是一大片蒼茫的原始
劍齒象、古板齒犀等大型動物
肆意大聲嘶吼著奔馳
這裡同時也生長著

一群衣不蔽體的古猿人
他們茹毛飲血
不停和老天及野獸鬥爭

是本能的驅使也是意外的發現
他們學會打造石器
更學會烹火煮食
人類的第一把聖火在此點燃

一場又一場的天災巨變
把這裡的一切盡埋地底
幽幽黯黯的地底世界裡
從此經過了幾千百萬年？

一個個出土的石器

一塊塊被挖掘的骨頭
都不斷在向我們訴說
那段令人無法想像的歷史

看完西侯度遺址，一行人便冒雨駛向風陵渡的古渡口。

風陵古渡是一個古老的黃河渡口。巴顏喀拉山脈的涓涓細流，從昆侖山下開始，彎彎曲曲的流淌到寧夏以後，調頭向南，劃開了山川起伏的黃土高原，一瀉千里，一頭撞在了巍峨的華山上，然後調轉浪頭，滔滔東去，奔向黃海之邊，把中原大地劈成南北兩面。急流轉彎之處，母親河懷抱中的黃河三角洲，就是歷史悠久、古今馳名的風陵渡。這塊充滿神秘色彩的黃河三角洲像天心地膽，像一顆閃爍的明珠，鑲嵌在中條山和華山之間。

風陵渡的地方名源于女媧始祖的陵墓。《戴延之西征記》載：「女媧，風姓，風陵即女媧之墓。」《寰宇記》載：「河東縣三裏風陵是女媧之墓。」「考古要錄河中風陵，疑爲古伏羲塚。以苞皇爲風姓，故然女媧亦風姓。」《中國通史》載：「女媧陵所在說法五種，一、說在風陵渡。因史載女媧風姓，故女媧陵又稱風陵，或謂之風陵坡或風陵堆；二、《陝西通志》說：『上古風陵，即女媧氏陵，在潼關衛城北黃河中。』；三、《河南府志》說：『女媧陵在閿鄉縣黃河濱。唐天寶末忽失。乾元初，複湧出。遂名風陵渡黃遺處。』因史載女媧風姓，故女甘陵又稱風陵，因女媧陵之故，取地方名風陵堆，意指女媧的墓堆。《水經注》：函谷關直北隔河有層阜，巍然獨秀，孤峙河陽，世謂之風陵。戴延之所謂風堆也。春秋時期，著名的泛舟之役，秦國運糧船隊經滑河即由此入黃河而北上晉都，史稱秦輸晉粟。此後此處的渡口開始啓用，遂改名風陵渡。

下車之後，大家站在黃河岸上，虔誠地瞻仰了女媧始祖煉石補天的聖地。可惜的是，女媧始祖的陵墓于唐天寶十一年六月塌陷到倒岸以後的大河之中（《新唐書．五行志》載：「天寶十六年六月，虢州閣鄉黃河中女媧墓，因大雨晦冥，失其所在……。」《河南府志》載：「女媧陵在閿鄉縣黃河濱。唐天寶末忽失。乾元初，複湧出。遂名風陵渡，蓋後風姓故也。」《閿鄉縣誌》載：「天寶十一年六月，閿鄉縣黃河濱女媧墓因大雨晦冥，失所在。」）

雨又下大了，文友們不得不趕緊登上了渡口旁邊的一條作爲客棧的渡船上（因爲黃河公路大橋的建成，存在了幾千年的古渡自一九九二年起就不再擺渡了。這條客船是當地村民尙成麥爲紀念古渡，所設的一條農家樂客船）。

上船之後，主人熱情地接待了大家。老尚一邊倒茶，一邊如數家珍、滔滔不絕地給遠方朋友介紹這裏的歷史文化。如果不是筆者向大家介紹，文友們還以爲客船的主人是一位學者呢！

這位土生土長的農民，對這片神奇的熱土情有獨鍾，爲了弘揚中華民族的歷史文化，他用自己的全部積蓄買了一條船，建起了這個客棧。在客船上，他一邊接待往來客人，一邊講解華夏民族的遠古文化，多少年如一日，從未中斷。他的這種精神受到了臺灣同胞的高度讚賞。

詩人廖振卿（台客）先生站在船上，眼望著滾滾東去的母親河，出口又是一首詩〈在風陵古渡口〉：

在風陵古渡口
看黃河滾滾向東流
一條跨河大橋如臍帶
將兩岸三省接通
連接成一個大中國

在風陵古渡口
看黃河滾滾向東流
遙想數千年來
此地發生的歷史風雲戰火狼煙
俱往矣！如今都已消逝如那東流水

在風陵古渡口
看黃河滾滾向東流
江山代有才人出
看今朝人物一個個奮起
有幾人能在歷史上留下驚鴻的一瞥？

雖然天不作美，但一直都沒有影響到大家的興致。來自寶島的朋友們都是有生以來第一次來到母親河邊，第一次來到女媧「補天」和三皇五帝建功立業的這個地方，心裏有說不出的高興，盡興站在「白日依山盡，黃河入海流；欲窮千里目，更上一層樓。」的風水寶地上，極目遠眺，飽覽著祖國的大好河山。

因爲陰雨，不到五點天氣就暗下來了，暮色中的遠山，灰暗如岱樣的壯麗讓客人們甚覺遺憾，不能再停留了，文友們還要趕回四十公里以外的縣城參加縣上朋友安排的告別晚宴。大家依依不捨地和客船的主人尚成麥先生握手告別。這個土頭土腦的莊稼漢握著臺灣朋友們的手，滄亮地喉嚨裏擠出了一句感人肺腑的話語：「常回家看看！」不難看出，他那陽光的笑臉上夾帶著一種期待的複雜表情。

作者黨忠義，風陵渡鎮王遼村人。
中國華夏文化交流協會副秘書長。

中華根祖文化看芮城

黨忠義

中國的古老文化是黃河孕育的，華夏民族古老的文明是先祖們在黃河流域創造的。大量的考古發現、史書記載和地方實物遺跡都充分證明了母親河懷抱中的古魏芮城，是中華民族的搖籃、華夏文明的起源。

芮城縣位於黃河中游，母親河給這塊土地留下了非常豐富厚重的文化資源。1178.76平方公里的土地上，點綴著138處古文化遺跡，遍佈了全縣的每一個角落。這些文化遺跡從上古時期最早的用火遺跡始，至新石器時期、至三皇五帝、春秋、戰國，直到唐代。涵蓋了國家的政治、經濟、軍事、文化、教育等各個方面，且都堪稱是國中之最，在中國歷史上起到了舉足輕重的作用。

沿著長達80.3公里的母親河幹和同等距離的雷首中條山脈，踏著先祖的足跡自西而東去探考，每處遺跡都閃爍著黃河文化的文明之光。

一、人類文明的濫觴，華夏民族的搖籃

西鄰大河的雷首山脈，是華夏文明的源頭。一九五九年到一九六二年間，專家們在風陵渡鎮西侯度村考古發現了早更新世文化層，在原生地層中發現了大批的哺乳動物化石，發現了三十二件人工打制的石器，發現了燒骨和帶有切割痕跡的鹿角。地層的構造和哺乳動物化石的性質都證明了這一遺址的地質時代為距今約有一百八十萬年的早更新世。證明了在一百八十萬年以前，人類始祖就開始在這裏生息繁衍，打制、使用石器，使用火種。

西侯度遺址西南 3.5 公里處，是距今大約六十多萬年的古文化遺址匼河遺址。專家們認定，匼河一帶的人類活動略早於周口店中國猿人生存的時代。

二、三皇五帝文化輝煌燦爛

芮城縣遠古時屬冀（《史記》集解：「冀州：西河之東，南河之北皆冀州也。」《正義》：「冀州者，天下之中州，唐、虞、夏、殷皆都焉……」）。

母系氏族社會時期，華夏民族最早的有名有姓的始祖女媧就活動在這一帶。她「煉

五色石以補蒼天，斷鼇足以立四極，殺黑龍以濟冀州，積蘆灰以止淫水。」爲天下蒼生的生存，人類社會的文明進步做出了巨大的貢獻。女媧歿後葬於風陵，風陵渡因女媧陵而得名（《戴延之西征記》載：「女媧，風姓，風陵即女媧之墓。」《寰宇記》載：「河東縣三裏風陵是女媧之墓」）。後人爲祭祀元始老祖，在女媧陵背後的鳳凰嘴上爲其建祠立廟，秦漢以來均有祭祀。唐太宗、宋太祖都曾在女媧祠設置守陵五戶，唐稱祀典、宋置守戶（《寰宇記》：「風陵城在其下閿鄉津，去縣三裏，即風陵故關也。女媧之墓，秦漢以來，俱系祀典。」《關中墓陵志》：……而潼關之風陵則唐稱祀典、宋置守戶。）。

黃、渭、洛三河交匯處的鳳凰山上，是伏羲氏創先天八卦之處。伏羲生於雷首山下雷澤湖畔（《太平御覽》：「大跡出雷澤，華胥履之，生宓犧。」）。他結繩記事孕育文字；結網捕魚教民漁獵；圈養牲畜解決百姓溫飽；發明撞石取火，結束了茹毛飲血……爲華夏人類的生息繁衍、文明進步做出了卓越的貢獻。最突出的貢獻就是在黃、渭、洛三河交匯的鳳凰嘴上首創了先天八卦（《尚書》載：「龍馬載圖出河東」。《系辭》：「河出圖，洛出書，聖人則之。」《辭海》：「……伏羲氏時有龍馬從黃河出現，背負『河圖』；有神龜從洛水出現，背負『洛書』。伏羲根據這種『圖』、『書』畫成八卦，就是後來《周易》的來源。」）伏羲歿後葬於風陵（《寰宇記》載：「考古要錄河中風陵，疑爲古伏羲塚。以苞皇爲風姓，故然女媧亦風姓。」）後人爲紀念伏羲老祖，在鳳凰嘴修建了伏羲老祖廟和八卦台。

風陵渡鎮趙村村南的鳳凰城是炎黃部落聯盟時期軒轅黃帝的都城（軒轅廟古詩曰：「黃帝風陵建都城，蚩尤作亂起火烽。風後輔佐造指南，聯炎滅尤萬古傳。」）。炎、黃部落肢解蚩尤以後，在阪泉一帶「三度交戰」，軒轅勝。炎黃部落和其他諸侯部落在此合併爲部落聯盟（《白話史記》：「肢解蚩尤以後，諸侯朝拜黃帝而不朝拜炎帝。神農氏不滿，侵伐諸侯，同黃帝發生衝突，在阪泉之野同黃帝三度交戰，被軒轅所敗，逐將羌氏部落同姬氏部落合併，接受黃帝領導」）。諸多的實物遺跡和考古發現爲黃帝都城提供了有力的佐證：

1. 黃帝城城牆的夯土層遺跡尚有一公里依稀可見，古老相傳叫「黃城根子」。

2. 黃帝的四相之首風後歿後葬于黃城東側（《平陽府志》：「解州上古風後墓，在州西南一百八十裏，芮城縣西趙村風陵渡。」）。

3. 黃帝妻嫘祖曾在此教民養蠶。西陰仰紹文化晚期遺址出土的人工切割的蠶繭標本，被確認爲中國絲綢紡織史上最重要的實物證據。一九六〇年，在黃城旁邊考古發掘的仰紹文化晚期遺址——西王遺址出土的陶蠶蛹（陶蠶蛹標本長 1.5 釐米，寬高均爲 0.6

釐米，蛹身上有橫線紋五條），進一步提供了在同一時期嫘祖在這一帶活動的實物例證。知名紅山文化研究學者雷廣臻教授撰文指出：「山西芮城西王村遺址出土的蛹形陶飾（或稱陶蠶蛹）距今五千多年，相當於黃帝文化時期。」

風陵渡鎮王寮村西雷首山中段是帝堯的故城。因堯城之故，雷首山亦稱堯山（《水經注》：「雷首，俗亦謂之堯山，山上有故城，又曰堯城」。《蒲州府志》：「所謂壺口之雷首中條山，俗亦稱之爲堯山。山上有故城，世之曰堯城。」）。堯王城爲半坡時期的草寮，因堯王宮室爲草寮之故取地方名「王寮村」，堯王點兵之處名「王點村」。

風陵渡鎮六官村北雷首之巔是舜帝的故居，故有舜帝的祠廟（《蒲州府志》：「嬀水雲舜所都，而上虞之損石爲公蘄會稽，又有嬀水祝阿。故縣又有汭水，有娥英之廟。山上有舜祠。」）。汭水畔的雷首之巔是虞舜的故居（《史記・陳涉世家》：「昔舜爲庶人，居於嬀汭。」《水經注》：「水所入曰汭，渾流西注入河。河水南逕雷首山西。山臨大河，北去蒲阪三十裏。」……）。緣于虞舜故居，雷首山亦名虞山。

虞舜生於此，一生主要活動亦在這一帶。不管是耕曆山、陶河濱、漁雷澤，還是都蒲阪、葬鳴條蒼梧都是在這方圓幾十公里一帶，留下了許多村落和遺跡：舜牛坡、舜南村、曆山舜廟、安頭舜廟、舜都蒲阪、雷澤、河濱……。

三、中國孝道文化的根祖

虞舜是中國傳統文化的奠基人，童年時，母病逝，父親續弦姚婆。繼母性情悍戾、心術不正，在父親失明之後，對虞舜百般折磨。繼母生弟象，象桀傲不馴，多次和母親合謀殺死虞舜。在"父頑、母嚚、象傲"的家庭環境裏，虞舜始終對父母不失子道，十分孝順，與弟弟也十分友善。在繼母、弟象要加害於他的時候，及時逃避。情況稍有好轉，馬上又回到父母身邊，盡力孝敬、侍奉（「欲殺，不可得；即求，嘗（常）在側」）。身世如此不幸，環境如此惡劣，虞舜卻能表現出非凡的品德。虞舜的大愛和孝順朝野傳誦，帝堯傳帝位傳與舜。後人奉其爲孝祖。

四、中國和諧文化的源頭

永樂鎮曆山村是虞舜耕田之處（《水經注》：「舜所耕田於山下，故曰曆山。」《平陽府志》：「嬀汭泉：蒲州東南五十裏，曆山之中。舜所耕初也，上有舜廟。」）。

舜耕曆山是中國和諧文化的源頭（《史記・五帝本紀》：「舜耕曆山，曆山之人皆讓畔；漁雷澤，雷澤之人皆讓居；陶河濱，河濱器皆不苦窳（yu）。一年而居所成聚，二年成邑，三年成都。」）。帝堯欲將帝位傳與虞舜，嫁二女與虞舜，觀察他的治家；使九個兒子與舜共處，觀察他的處世（《史記・五帝本紀》：「舜居嬀汭，堯妻之二女，觀其德二女，舜飭（chi）下二女於嬀汭。」）。後人在曆山村建祠立廟，世代祭祀。（《尚書》：「厘降二女於嬀即此。上有舜廟，周宇文護建。」）。

五、中國水利文化的發祥地

芮城縣城東南黃河岸畔的大禹渡，是大禹治水的營地。

帝堯時期，洪水氾濫，堯啓用鯀治洪水。鯀初治水在芮城一帶（《夏朝誕生之謎：破解真實的大禹治水》：「鯀禹治水神話的歷史背景是處於黃河中游（今山西芮城地區）的鯀部落堵塞了黃河的一條重要支流——共水」）。鯀治水失敗後，舜向帝堯推薦大禹治水。大禹不因私怨而廢公義，繼承父業，治理水患。大禹治水期間，曾在神柏峪安營紮寨，治理氾濫的共水。因大禹治水之故，後人取地方名「大禹渡」。神柏峪有一棵數千年的古柏相傳是大禹治水時所栽。後人爲紀念鯀、禹父子兩代的千秋功德，在古柏旁建廟祭祀（《神柏峪重建禹五廟碑記》：「後人思其名德，建廟於峪上，遂名彼渡爲大禹渡，以顯聖跡，思不忘也。」）。

六、「中華」國名文化的濫觴

黃河岸畔、雷首山上，中條山下，留下了遠古祖宗一串串從蠻荒走向文明的足跡。先祖們在中條山和華山之間這片神奇的土地上生息繁衍，發明創造，建都立業，締造了一個偉大的民族，創造了燦爛的民族文化，衍生了近萬年的古國文明。後輩爲紀念先祖懿德，以中條山和華山之名，取國名爲中華，因地處諸侯國之中間，又叫中國（《日知錄・集釋卷二》載：「古之天子常居冀州，後人因之，遂以冀州爲中國之號」）。

七、中國詩詞歌賦文化的源頭之一

芮城爲古代魏國，魏國初始于夏代，歷經夏商周春秋戰國，至魏王假虞滅虢國，時一八四五年。在我國眾多的諸侯國中，魏國封國最早，壽命最長，文化底蘊最厚。商末周初至秦漢時期，魏國君常驅使百姓到中條山檀嶺伐檀，供自己及貴族享用，向周王室進貢。百姓伐檀吃盡了苦頭。他們對「勞動者勞而不獲，統治者不勞而獲」貴族強烈不滿，用民謠歌賦的形式表示反抗。《詩經・魏風》中的《伐檀》便是當時魏國百姓膾炙人口的傑作之一，後世收錄在先秦時期的百科全書《詩經》之中，成爲千古流傳的名篇。

陌南鎮檀道爲古代魏國百姓運檀驛道，故名檀道村。

八、中國最早的文化教育基地之一

中國最早的教育家是孔子，孔子的教學爲遊學。而古魏鎮書院村北的卜子書院，又稱西河書院。則是中國最早的固定教學的場所之一。

卜子夏，名商，字子夏，春秋末年晉國文人，孔子七十二個著名弟子之一。他在魏國西河講學期間，授徒三百，爲當朝名君魏文侯之師。（《史記》：「孔子既沒，子夏居西河教授，爲魏文侯師。」《史記．仲尼弟子列傳》：「子夏居西河教授，爲魏文侯師。」）。西河學派爲魏國吸引、培養了大批棟樑（李克、吳起、田子方、李悝、段幹木、公羊高等都是他的學生），政治效果十分顯著。使魏國儼然成爲中原各國的文化宗主國。

九、中國和合文化的發生地

殷商時期，虞、芮兩國之君爲爭相鄰之田，久而不決。兩國君一起去周地請教周文王。進入周境，兩國君看到周人耕田互讓地畔，走路互讓道；進入周都邑，看到周人男女不同路，斑白不提攜；到了周朝庭，發現周人士讓大夫，大夫讓卿，有禮有節。兩國君慚愧說：「我們真是小人，不要再踏進君子的朝廷裏啦。」於是，兩國君返回，雙方都將其所爭之地讓出，虞芮和合「以爲閑原。」

「虞芮讓田」在全國引起了極大反響，爲諸侯棄商歸周起到了推波助瀾的作用。虞、芮國君讓田的和合精神和美德成爲後人效法的榜樣，後人立「虞芮二君祠」以爲紀念（亦稱二賢廟、讓畔神祠）。

十、中國最古老的軍事文化名城

匼河遺址旁的羈馬古城遺址，是春秋時期的軍事要城。羈馬城東、南、北三面有堅固的城牆，西面是黃河天塹，根據羈馬城的地理特點，命村名爲「匼河村」。考古已作定論，史書中亦有詳細的記載。（《左傳》：周傾王四年、秦康公六年、晉靈公六年（前六一五）冬，「秦伯伐晉，取羈馬，亦呂相所云剪我羈馬者也。」……）。秦粟入晉的泛舟之役，秦穆公帥師送公子重耳涉自河曲，東漢末年曹操與馬超聯軍之戰，明末李自成農民軍與明兵風陵渡之戰等都發生在羈馬城。

十一、中國早期佛教文化的殿堂

壽聖寺位於芮城縣城東北五百米的北關村巷口西，寺內有塔，名曰壽聖寺塔。壽聖寺始建于東漢永平十年（西元六七年），距今一九四三年，爲晉南佛剎之首。因其供養佛祖釋迦牟尼真身舍利寶塔，壽聖寺成爲中國最早佛教聖地之一（佛典法苑《珠林》載：古代中國有十九座佛陀舍利塔……壽聖寺爲第四座真身舍利塔……爲佛教祖庭）。

十二、馳名中外的道教文化聖地

縣城北五里龍泉村是馳名中外的道教宮觀永樂宮。永樂宮是元代初年爲紀念道教祖師呂洞賓所建造的一座道教宮觀，也被稱爲道教祖庭。是中國著名的道教廟宇，各大殿保存完好、題材豐富，筆法高超，藝術水準精湛的元代壁畫成爲世界美術史上一顆璀璨的明珠。

底蘊深厚的先祖遺跡，燦爛奪目的民族文化，密集點綴在芮城的版圖上。芮城作爲中華民族的搖籃，當之無愧！古今文人墨客趨之若鶩，揮毫潑墨，留下了許多千古名篇：「黃河北來，太華南倚。總水陸之形勝，壯山河之氣色。」「立馬風陵望漢關，三峰高出白雲間。西來一曲昆侖水，劃斷中條太華山。」「濃雲濕西嶺，春泥沾條桑。至今堯峰上，猶上堯時日。」「黃河魂者，祖國魂，中華魂也。包含祖國優良傳統與高尚品德情操之中國魂也：中華文物古搖籃，千里滔滔一大灣。義結金蘭秦晉豫，同開青史壯波瀾。黃帝於茲長子孫，昆侖屹立自然尊！層樓更上同心德，手挽黃河振國魂。」

作者黨忠義系中國華夏文化交流協會副秘書長

劉焦智背誦徐剛的長詩「魯迅」

陳福成

九月十七日上午，在劉焦智的「鳳梅人」報辦公室，熱烈的舉辦「兩岸文化道德交流會」。該會除我等六人，還有芮城藝文界數十人，楊天泰、黨忠義、侯懷玉、趙志杰、吳學德、劉滿囤、張子正、薛俊虎、閻振福、張懷亮、譚英杰、王成甲、范鴻斌、謝廷壁、石玉生及張維天婦等，其中多人我去年已見過。

此次交流會可見「鳳梅人」報第七十三期報導，本文所要記錄的是劉焦智再度公開背誦徐剛的長詩「魯迅」。去年我與信義、元俊二師兄初訪芮城，焦智兄也在他的「微型辦公室」背誦這首詩，他鄉音很濃，半聽半猜，但那氣氛很感人、感動。去年「三人行」一書出版，因受限未能收錄，這回我深感有讓這首詩流傳的必要，特別要了文本，做爲本文之主述。

魯迅

編者（劉焦智）按：

這是將近四十年前「知識青年到農村去、接受貧下中農再教育、很有必要」的那個時期裏，刊登在《詩刊》雜誌上、一個知識青年的一首詩。——文中「大寨」、「大慶」等字樣，足以說明它所產生的時代。因該詩的發表，徐剛先生被調到了他所「插隊」的那個縣的宣傳部工作。——由於我對該詩的真愛，多次朗讀和背誦。

雖則，那本雜誌也不知在哪個不吉祥的年月丟失了，然它卻在將近的四十年裏，不斷給我體內補充能量。二〇〇六年九月二十二日，臺灣秦社長主編訪問《鳳梅人》、在我們共同舉辦的「海峽兩岸文明道德研討會」上，我曾背誦給了與會的大家，並且得到了盛贊。——盡管我不會普通話。

印象所記，不一定完全準確，徐先生諒解。

北京

一個秋天的早晨

我擠進西三條胡同
密密的人群
同戰士　學生
社員　工人
沿著林蔭路
向前走去
互不相識
卻不必詢問
來這裏的人們啊
都在懷念一個偉大的戰士
都在懷念
永生的魯迅
這裏是魯迅故居
我走進書屋
我來到客廳

我站在後院
我望著水井
丁香　刺玫　棗樹
根深　葉綠　枝青
是今天
不
好像又是昨天
雞剛啼
天方明
斗室裏
茶還香
墨正濃
沉思的煙霧似流雲
小小的油燈如星辰
光輝照映伏案人

濃眉緊鎖
筆鋒揮斥
目當嚴峻
啊
誰說魯迅離開了戰場
誰說魯迅離開了我們
他活在我們心中
在我們心中永生

北京
一個秋天的夜晚
我凝視著樓外的街燈
夜空
像嵌著珍珠的青石
長街

像鑲在鏡中的花瓶
清潔工
駕駛國產的掃塵車
在清掃灰塵
夜班車
向著燈火輝煌的工廠飛奔
不遠處
彷彿傳來
孩子們夢中的笑聲
而我
在鋪開的稿紙上寫著
戰士　旗手……
卻彷彿看見
偉大的先驅魯迅
在深情微笑

卻彷彿聽到
光輝的榜樣　魯迅
在諄諄叮嚀
於是
我同他談話
並且問他
或許
今天的一切
當年
正是你的夢境
是在《吶喊》
「救救孩子」的那個深沉的夜晚
還是聽到
紅軍長征勝利到達陝北的那個黎明
青絲縈繞啊

蕩溢于心
像　瀑布奔瀉
似　驟雨傾盆
黨啊
需要魯迅
革命啊
需要魯迅
誰說魯迅遠去了
不啊
他和我們一起
去山西的大寨
走東北的大慶
看紹興今日
覽浦江巨輪
登長江大橋

看列車飛奔
在金光炎炎的正午
和紅霞染空的黎明

我在北京的秋夜遐想
對著鋪開的稿紙發問
這一切啊
難道僅是詩人的想像和激情
或者只是懷念寄托的幻影
可是
為什麼啊
在前進的大軍中
我們總是看見他那高大的身影
在攀登的山路上
也總是發現他那黑帆布鞋的腳印

答案喲
並不複雜
有的人
生
等于死
有的人
死
還在生

說什麼地下安息
不
是戰士
便永保青春
妖魔怕歷史的鏡子
敵人怕死了魯迅

一抔黃土啊
隔不開魯迅與人民
如　高山不到
似　長河不盡
魯迅不死啊
不死的魯迅

四十年啊
魯迅和我們一起
畫　遼闊大地上新生活的第一幅藍圖
繡　新中國第一面國旗的五顆紅星
每一個盛大的慶典
每一次浩蕩的遊行
我們都彷彿看見他
打開紅黑兩色的書包

講　革命無止境
簡明而又精粹
平凡而又深沉
充滿著韌性戰鬥的號召力
跳躍著火的光　劍的影
他總是大呼
進擊　進擊　要不斷進擊
才能最後取勝

進軍的路上啊
要常常想起
永生的戰士
光輝的魯迅
征途上啊
要時刻自問

做怎樣的共產黨員
做怎樣的中國人
什麼是偉大的愛
什麼是偉大的恨

這首詩想必焦智兄很欣賞，才會多次在大眾面前背誦。但深層去思考，裡面有很多未定之論，我曾和焦智深談，再二十年必有大翻轉，包含「共產黨」、「國民黨」、「中華民國」、「中華人民共和國」，誰正誰邪？誰是正統？誰是「中國」？誰又是「非中國」？是建國還是竊國？在中國歷史上，「春秋大義」是最後的裁判者，有深刻觀察力的史學者，已經看出春秋大義已開始在大陸社會「發威」了！這些暫且不表。

近百年來，許多中國人在迷惑一個問題，「要不要當中國人？」或「當怎樣的中國人？」包含四十年前的徐剛，今天在「鳳梅人」的交流會議也有這樣的聲音。

我和我的天使熊貓

薛小琴

（編者按：從二〇一〇年的「三人行」，到二〇一一年的「六人行」，薛小琴應是最辛苦的一位，我們來訪只見她默默做事，從未聞她發表高論；「鳳梅人」報發行，她也是最辛苦的一位，包辦了所有行政工作。另本書多處提到「天使熊貓」，「牠」是誰？薛小琴和牠都是吾等這幾年來的交流夥伴、好朋友，兩岸和平交流的「和平天使」。本文轉自「鳳梅人」報總第七十一期，二〇一一年七月七日。）

我可以自豪地說，在芮城縣善良百姓和可愛的男女孩童的心目中，最享有盛譽的小狗，莫過於我的天使熊貓了。如果讀者您有興趣的話，我可以毫無保留地把牠從出生到現在與我相處的實情詳細講述給你，您聽完也絕不會後悔耽擱這一會時間的。

您知道我的愛犬——「天使熊貓」的名字是怎麼來的嗎？讓我告訴你吧：牠的眼睛

看起來很像大熊貓，有兩個黑黑的眼圈，而且很對稱，所以看到牠的第一眼，我就給牠起了一個「熊貓」的名字。後來，——大概半歲左右吧，牠的額頭上長出了一個桃形圖案（請看圖一），而且很標準，我認爲這是老天爺對我不分晝夜、辛勤打字編報，免費寄贈給天下的海內外親朋而賞賜給我的禮物，所以以後就叫牠「天使熊貓」了。但這只是從牠的長相上來說，如果你再聽聽牠的故事，知道了牠的所做和所爲，就明白了牠享有這個名字，還真是問心無愧呢！

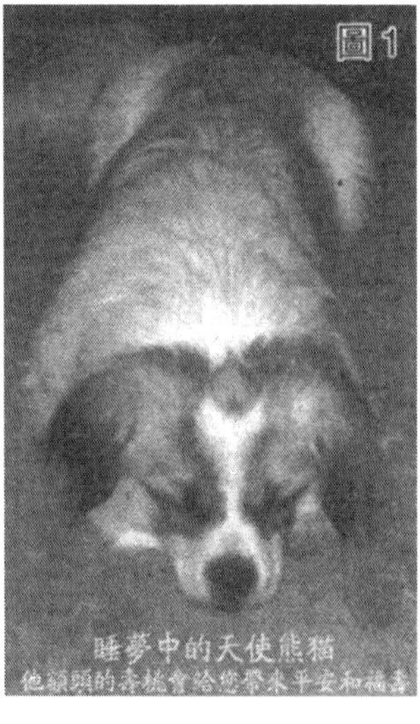

睡夢中的天使熊貓
他額頭的壽桃會給您帶來平安和福壽

自二〇〇六年臘月初六，剛出生滿月的熊貓來到我家，看到牠毛茸茸的那麼可愛，我就開始喜歡上牠了。我先找了個紙箱，鋪上厚厚的舊棉衣，放在爐子邊上，讓牠睡在裏邊，——我想：牠得到溫暖和舒適，也就最大限度地消除掉了那種離開母親和兄妹的孤獨感。之後我又買了嬰兒奶粉和火腿腸，——不論是白天還是半夜，只要聽到牠「哼哼」的叫聲，我就去餵牠或照顧牠大小便。記得有一次，我去街上購買年貨，沒有人照顧牠，回來時，發現牠拉大便後未及時清理，偎了一身，窩裏到處都是，我趕緊給牠洗了澡、收拾了窩，才鬆了一口氣。這樣的事，以後還發生過好多次。到第二年四月份，天氣漸漸熱了，有幾個晚上，牠還在家裏地板上小便，即使馬上清理了，還是有一些異味。我就對熊貓說：「天氣熱了，你在家裏小便有臭味，以後到外邊小便。」牠好像是聽懂了我的話，以後晚上需要大小便的時候，就走到門口，但並不是大聲地「汪汪」，而是小聲地「哼哼」，我們起來開門，牠出去到院子裏大小便完了又回來睡覺。幾個月下來，經過我的精心餵養和照顧，熊貓長得很快，也越來越漂亮。

過了年，熊貓也已經兩三個月了，我每次騎摩托車上街，牠都要跟我去，我只好一隻手握著手把，另一隻手抱著牠，引得不少路人駐足觀看。後來，我買了一個捎小孩時在摩托車前邊裝的那種竹座，他坐在前邊，像個小孩子一樣的可愛，更顯得神氣了（請看圖二）。在街上看到牠的每個人，不論是大人還是小孩，都會衝我們微微一笑，然後扭頭告訴牠身邊的家人：「看那隻小狗，多好看。」尤其是有時颳一點小風，牠坐在摩托車前邊，頭昂得高高的，兩隻耳朵展開來，上下一閃一閃，就像雄鷹展翅飛翔，真好看。一直到現在牠已經四歲多了，我每次上街都要帶著牠。有時候，我因為別的事生

天使熊猫在《鳳梅人》道德文化展廳前

了氣，牠便不聲不響地爬到我懷裏，眼睛望著我，還在我的手上臉上舔幾下安慰我，看著牠可愛的樣子和想逗我開心的模樣，不知不覺地，氣也就消了。每到晚上，牠總要鑽進我的被窩，枕著我的胳膊，睡上一覺，然後才起來到別處去睡。有時我晚上失眠，但只要把牠抱到被窩裏，看著牠睡覺時可愛的模樣，聽著牠輕微的鼾聲，我也就漸漸地來了睡意……記得有一次，我晚上有事，就鋪好被子，讓牠先睡覺，結果牠等了一個多小時，見我還一直在忙著別的事，就起來去了隔壁。等我忙完準備休息的時候去叫牠，牠卻不理我；我走上前去抱牠，牠就很生氣地「哼哼」，我就跟牠說：「對不起，我現在和你一起睡覺，你不是很聽話嗎？我又不是故意的。」牠才讓我把牠抱到被窩裏一起睡。待一覺醒來，我又想熊貓了，再去把牠抱來，有時牠很乖地陪我睡上一會，不高興時就不躺下，我只好順其自然，放牠走好了。而外邊一旦有點動靜，牠便很警覺地「汪汪」大聲叫，催我起來看護商品和報紙。

牠對我的安全很負責任。每次家裏來了客人，——尤其是初次來的生人，牠必須對客人檢查一遍：走到客人身邊，聞客人腳上、腿下的氣味，如果認爲是安全的或來客是好人，也就轉身走開了；如果不放心或者牠認爲有問題，會一口咬住客人的褲腿，做出很凶要咬人的樣子，要是我不管，牠會咬客人一口的。如果我去別人家作客帶牠去，牠會把主人家所有的房間都檢查一遍，看有沒有對我不利的安全問題。主人如果禮讓我吃什麼東西，牠會在我送到嘴裏以前，立即跑上來先聞一聞、檢查一遍，牠認爲是安全的才允許我吃。有一次，我帶牠上街，一個女同學和我說話的時候，手到我的肩上拍了一下，熊貓就「汪」地叫了一聲，撲過去要去咬她，把她嚇了一跳。有時候，家裏來了客人，如果給客人什麼東西或客人給我什麼東西，雙方出於禮節，在很客氣的拉拉扯扯的謙讓中，牠誤認爲是爭執打架，立即趕過來保護主人，「汪汪」地叫著，呲牙咧嘴地撲過去嚇唬客人。——每當牠履行了這種職責之後，我們都戲稱牠是「保衛科長」或「熊科長」。

熊貓還很注重尊嚴，而且還記仇。有一個和我們住處很近的中年婦女，在熊貓只有幾個月大的時候，她來我家，用腳逗熊貓玩，熊貓可能感覺有失尊嚴吧，就「汪」的一聲撲過去咬她，我擋住了。以後熊貓只要看見她，就狂撲過去要咬她，最嚴重的一次，熊貓掙脫了繩子，追了她幾十米遠，咬住了她的腳，我趕過去之後，才僥倖安然無恙。我要是帶熊貓去她家，熊貓還是照樣要咬她。有的人不懂禮貌，用手指或手上拿的東西在牠額頭上敲一下和牠玩，牠會認爲對牠不尊重，就會撲過去還擊。話又說回來，即使是生人，只要對牠很禮貌，跟牠說：「你這麼漂亮，真好看。」然後輕輕地摸牠的額頭，或在牠的背上輕輕地撫摸，牠會很高興地和你玩，甚至會舔你的手。要是家裏來了很熟悉的客人，牠就會熱情地迎上去，一邊搖尾巴，一邊直立起兩隻前腳，到客人手上舔幾下，表示歡迎。

二〇〇八年四月份，熊貓因爲消化不良，得了腸胃病，我帶他去找醫生。量體溫時，牠可能難受吧，很焦躁、不配合，我就跟牠說：「熊貓乖，熊貓聽話，打完針病就好了，我帶你到街上買肉吃。」連說幾遍，牠似乎聽懂了，乖乖地讓我抱著牠打針、輸液，再不反抗了。

去年八月份牠自己出去玩，結果跑丟了，從那天下午兩點多開始，我和外甥女他們五六個人冒著酷暑，一直不停地找，跑遍了附近的所有地方和以前帶牠去過的四、五里以內的所有地方。每到一處，我們都大聲喊著「熊貓、熊貓……」一直找到半夜。回到家裏，因心情不好，哭了好長時間，飯也吃不下，覺也睡不著，直到天亮的時候，才迷迷糊糊睡了一會。睜開眼又出去找，一邊走、一邊喊、一邊哭，忙到了下午五點多，當我們喪失了信心、精神幾乎崩潰之時，牠竟然自己獨自跑回來了，我高興得抱著牠哭，牠也乖乖地讓我抱，臉貼著我的臉，分明是與我一樣的，很激動的樣子。——自從那次悲歡離合以後，牠就再也不敢隨意走遠，我們也時刻看緊牠；即使是很熟悉的人、或者原來曾帶牠出去玩過的人，即使再誠心地邀請牠，熊貓也絕不會跟著走的。

我的熊貓也是一個紳士。每次吃飯前，牠坐在飯桌前的床子上，離桌子只有二十多公分，我把飯菜在桌子上擺好，牠在旁邊看著，用鼻子嗅幾下，明白了有沒有自己所吃的食物後，就乖乖地坐在床上等。而當我再去端別的菜而走開後，牠也不會自己去飯桌上偷吃，只靜靜地等著我餵食，——真正是不失「天使」的君子風度。

有時候，牠和我玩了一會要走時，我餘興未盡，抓住牠的兩隻前腳，跟牠說：「親一下再走。」牠不願意時，就故意把臉扭到一邊，我又說：「不行，親了再走。」牠會很不情願地回過頭來用舌頭舔我一下，——只是一下。而在牠高興時，牠會主動過來，興致極濃地和我親上好一會。牠每天都要我帶牠出去玩幾次，有時下雨了或家裏有事沒帶牠出去，牠會坐在我的面前，雙眼一直盯著我，直到看得我不好意思了，就只好帶牠出去。上了摩托車，牠會主動轉過頭來跟我親幾下，表示牠的高興。如果確實不能出去，到天快黑的時候牠不回家裏，就坐在門口，像小孩子一樣故意「哼哼」，表示不滿或是撒嬌，我就只好帶牠出去到附近街市轉一會或給牠說說好話，牠才肯罷休。有時我剛好到院裏有事，牠會走到我跟前，拉一下我的褲腿，然後走在我前邊，往前跑一兩米，扭過頭來看我一下，當我走近牠時，牠再往前走幾步，再回過頭來……直到把我引到摩托車跟前，牠兩隻前腿就直立起來，搭在摩托車上，扭頭用期待的目光望著我，——要我帶牠出去玩。熊貓最喜歡讓我帶牠到東花園或者田地裏玩，只要到了那裏，我解開繩子後，牠就高興地撒開腳丫子，像運動員衝刺一樣，快速地跑過來又跑過去，看著牠如此興奮地樣子，我也就分享到了牠的快樂，而我此刻的心情嘛，別說有多好了，——您說，這不正是「天使」兩字的含義嗎？如果牠引你拾了路人遺失的巨款、或者挖取了別人埋藏的一罐子白銀，——那不是天使，那是教唆你進入地牢的大盜。

每天吃完晚飯，我都要在院子裏散步，牠總是要我和牠玩，有時我故意不理牠，牠就拉著我的褲腿不讓我走，我彎腰去抓牠，牠就趁機跑開，讓我追牠，我如果不追，牠就會故技重演；而當牠跑幾圈累了之後，就會圍著摩托車轉，我從這邊追，牠往那邊跑；我從那邊追，他又往這邊跑，就像小孩子玩躲貓貓一樣，根本不會讓我逮著牠。

我的熊貓現在已經做了爸爸，牠的媳婦叫小娜。今年二月十八日，牠們夫妻倆生了四個兒女（請看圖三），三子一女：長子福臨、次子福星、三子福佑、小女福延。我們把福星送給了我縣書法家范世平，因爲他的家庭生活有些實際困難，我們把福星送給他，是希望他得到天使的關懷和照顧，福星高照。——如果福星被他們親近、感情得到了相融的話。現在我們家裏還有三個，捨不得送人，和我們一起生活著。

我的天使熊貓就是這樣地既討人喜愛、又善解人意，自然，我也就越來越離不開牠了。因爲牠向我付出了牠的全部愛，我自然也要以相同的愛回報牠。

尊敬的朋友，聽完我和熊貓的故事，您會不會也認爲牠取這個「天使」的名字，是當之無愧呢？您能不能想到：牠對人的愛和忠——與三、五歲前的學齡兒童一樣，是絕對純真的。您是否還可以再聯想一下：對於認識了金錢之後的、漸漸成長的小孩所進行的道德教育，是多麼地必要和及時啊！

庚寅年五月二十五日午時於鳳梅五金店

圖3

左起：天使熊猫、他的長子福臨、三子福佑、其妻小娜、小女福延

芮城永樂宮第四屆國際書畫藝術節記實

陳福成

參加中國（芮城）永樂宮第四屆國際書畫藝術節，是我等六人此行的主要節目，這是去年（二〇一〇）十月初訪芮城時，已先答應劉焦智要來參加的活動。

九月十五日，天氣晴，氣溫也適宜，像是天公作美，給了芮城人最佳之天時（地利人和也早俱備）。

早餐後，八點，趙志杰（芮城學張鄉窟垛村人）、許剛（芮城人民政府辦公室）二位先生來訪，贈送書法及合影紀念。

按今日行程表，九點十分在芮城大酒店門口上車。我等六人分在不同車，江奎章、吳元俊、台客及吳信義夫婦在第四車。

我因貴賓身份乘第一車（按乘車名單，本車貴賓有戴志祺、張建點、柴林山、馬新林、李木教、龍岩、王殿民、陳振亮、王蕾、崔克信、陳竹琴、楊文憲、祝晉英、程永康、王天榜、崔俊恆、王正鳳、張呈祥、張冠、韓清波、狄少英、吳國龍、黃阿爐、林永鍾、陳福成（本書編者）、黃勛會、張玉忠、葉新龍、李澤亮、董旭光、賈國平、佘妙珍、鄭建斌。以上只佘妙珍（去年來訪她是部長、現是政協主席）認識，午餐再認識一個空軍現役上校王天榜，餘均不識。

約九點二十分，車隊緩緩駛向會場（距酒店約四百公尺），沿途交通管制，警車開道，交警的指揮手勢有如「國慶大典」般的標準，兩側萬人空巷。真的「很像一回事！」大陸現在真的「搞什麼像什麼」。

很快到會場，我的座位在主席台第二排，算是很禮遇的，這是焦智兄爭取到的榮譽，要謝謝他。但使我今天上午和他們五位夥伴「失聯」！第二排臨近主席台，居高臨下，視野甚佳，只見會場上人山人海，操場表演節目的人已經就位。

不久司儀宣佈開幕式開始，由芮城縣委副書記賈國平主持。其流程如下：

1. 鳴炮奏樂；
2. 芮城縣委副書記、縣長董旭光致歡迎詞；
3. 芮城縣政協主席、藝術節策劃佘妙珍介紹書畫藝術節籌備情況；
4. 芮城縣委副書記賈國平宣讀「百佳獎」、「優秀獎」獲獎作者名單；

5. 山西省文聯黨組副書記、副主席李太陽組織頒獎；

6. 「中國美術家協會山西省創作中心芮城寫生基地」授牌儀式；（山西省美協把芮城定爲寫生基地，給芮城發一個牌子），即一種「認證」之意。

7. 中國書法家協會分黨組成員、副秘書長戴志祺講話；

8. 中國美術家協會理事、組聯部主任馬新林講話；

9. 運城市委常委、宣傳部長王蕾講話；

10. 運城市委常委、風陵渡開發區黨工委書記、芮城縣委書記王正風宣佈：中國（芮城）永樂宮第四屆國際書畫藝術節開幕；

11. 觀看開幕式文藝演出。

很多長官講話，因迴音的關係我聽不太清楚，但所有講話的核心主題不離「復興中華文化」。我感到很欣慰，大陸現在真的搞起復興中華文化，文革那十年的「去中國化」，傷害全中國子民之程度，遠遠大於台灣獨派這些年的去中國化。台獨之害，限於一個小島；文革之害，害死了全中國。所以，依我對「中國學」之研究，及多次大陸考察，復興中華文化要能體現在全中國一般人民生活上，至少還有二十年要努力，這些年我到大陸所見，只是一個「起步階段」，路還遠！

各級長官講完話，接下來是節目表演，區分四個篇章。表演者應是芮城各級學校、民間團體等。

序曲：《先祖告訴你》

舞蹈：生命之源

你從哪裡來，先祖告訴你

芮城，中華文明的發祥地，中華文化的密碼庫。從來沒有間斷，從來沒有封閉，它們在靜靜地等待，就是爲了您到來的這一天。

第一篇章：《黃河溫情人．生命起源火》

舞蹈：水舞、火舞

這是一方塊麗的熱土，在這裡，黃河母親彎腰抱起一片「芮」地，開始孕育、舒展，溫情舉世無雙。人類文明的第一把聖火在這裡熊熊點燃；一幕幕波瀾壯闊、驚心動魄的歷史風雲在這裡演繹……

第二篇章：《壁畫永樂金．萬物方圓土》

舞蹈：朝聖、太極

綿長悠遠的古老傳說，浩如瀚海的史書典籍，我國最大的道教全真教祖庭、被譽爲東方壁畫藝術寶庫的永樂宮……古魏大地，生態芮城，猶如鑲嵌在黃河岸邊的一顆明珠，熠熠生輝。

第三篇章：《民俗傳真人．成林則為木》

舞蹈：地書秀、背花鑼鼓、背冰

這是一幅反映晉南黃河岸邊的勞動人民世代與大自然抗爭、戰勝自我、生生不息的風情畫卷。這幅畫卷至今已繪就了一千八百年，還將在這片黃土地上延續……讓我們打開綿長的畫卷，一起領略有著濃郁黃河文化氣息的生態芮城、文化芮城的獨特魅力。

第四篇章：《五色吉祥雲．復興芮城天》

舞蹈：旗舞、炫舞、活力操

一個嶄新的時代已經開啓，鏗鏘的鑼鼓是古魏兒女豪邁的個性，舞動的旗幟是古魏兒女奮進的宣言。燦爛的笑臉，脈動的舞步，放飛民族的希望和夢想，古魏兒女正邁著堅定有力的步伐，走在民族偉大復興的征途上。

尾聲：歡樂大家園

我等六人當中，雖都一路同行，但以我的「心態」比較嚴肅。我並不常到大陸（六十歲才來五、六次吧！），但每次都帶著研究、考察的心態，乃至批判（因爲問題始終存在），要批判難免傷人，我盡可能對事不對人，因爲我是中國人，我愛中華民族，有問題自然要說更要寫（通常寫而不說）。

整個節目在中午十一點五十分圓滿結束，整個過程可謂「熱烈、熱情、驚艷」形容，最使我印象深刻的是「序曲：你從那裡來？先祖告訴你。」以舞蹈呈現，一個大約七、八歲的可愛女娃兒，問「我從那裡來？」

確實，「我從那裡來？」一個簡單的問句，已經困擾中國人二百年了。大約滿清中葉以前，中國人至少自信心還在，「根」也在，再往後，民族自信心一路瓦解，忘了「根」，不知道「我是誰？」炎黃子孫失根了！也就是不知道自己竟是「炎黃子孫」，慘啊！可悲啊！

忘本忘根的結果，就是「否定中國」、「去中國化」，大搞西化。而所謂「西化」也有兩條路線，從民初、中共建黨、一九四九、文革、台灣的兩蔣時代，大體上國民黨以三民主義之名搞西方資本主義（美其名曰民主政治）；共產黨則走所謂「馬列史

毛路線」，把中華文化徹底摧毀，進行徹底的「去中國化」，慘啊！人間煉獄！

但現在共產黨回頭了（不回頭便是亡黨亡國亡中華民族），我預測十五到二十年內，中國共產黨也要更名「中國社會黨」，這才合乎「中國式民主政治、有中國特色的社會主義」論述；反之，國民黨尚掙扎於台灣小島，游移於親日、親美或親中，真擔心那天打烊了！

在「鳳梅人」道德文化交流會的報告要點

──兼論解放軍空軍上校戴旭的醒世危言

陳福成

自從去年弟與吳信義、吳元俊二位師兄，一同首次應好友劉焦智先生邀請，參訪芮城，並參加在芮城縣府舉辦的海峽兩岸道德文化交流會。至今，又過了一年。

今年這個事關中國未來統一及兩岸人民感情的道德文化交流會，我們由「葡萄園詩刊社」主編台客先生領軍，他本名叫廖振卿，但筆名「台客」更顯輝，在兩岸詩壇無有不知者。此行同行者，另有我師兄吳信義的夫人、人相家江奎章先生（他正式開班授徒數十年，桃李散佈四方）。

去年回台後，我著手寫參訪紀行，「在鳳梅人小橋上：中國山西芮城三人行」一書，於今（二〇一一年四月）出版（台北，文史哲出版社）。

寫作，是一種「強迫」自己讀書、進修、深層思考的方法。經由這個過程，我越來越發現，自己雖然已寫了兩本有關芮城人文行誼的書，但所碰觸到的，仍然只是一些皮毛表述。芮城的「寶物」，似乎仍深藏於許多人的心海之中。

於是，我常想起芮城的盛情，芮城有「寶物」尚待開發出來！余部長（妙珍）的領導風格如何？張西燕是否已寫盡中國百姓們所想所願？（以下稱謂略）。

劉有光、劉增法、趙志杰、李孟綱、張亦農、楊天泰、范世平、郭玉琴、董世斌、楊雲、侯懷玉……他們一定又有新作品問世。他們也是我那本「三人行」的作者之一。

還有，黨忠義是否已修復了列祖列宗的祠廟，他在「六官逸事」一書的後記那段話：「一直有個心願，就是把這些祠廟重建起來。把列祖列宗的牌位豎起來……記住是倭寇的鐵蹄踐踏了我們的河山，燒掉了我們的祖祠祖廟……」黨先生所欲做，是最值得做的春秋大業，和劉焦智辦「鳳梅人」報、劉智強與劉智民經營西建而倡導孝文化，都同樣是一種中華文化倫理道德的實踐。

當我在這裡止於「口頭報告」，止於提筆書寫時，他們已經積極的進行「實踐」了。他們做的事，深值鼓舞、支持。（以上寫於二〇一一年八月二十一日）

我這兩年所做的事（尤其去年出版「鳳梅人研究」和今年「芮城三人行」後），難免有人要問「陳福成在搞什麼？為什麼要寫他？」其實很多事情難以講清楚說明白，我比較喜歡用「拈花微笑」的方式做回答，用最簡單的思維邏輯：

幫助了劉焦智，就是幫助了「鳳梅人」報；

幫助「鳳梅人」報，就等於幫助宣揚中華文化；

有中華文化的共同平台，就能加速兩岸交流；

這才合乎我們今天召開道德文化交流之宗旨。

如此交流下去，擴而大之，我們國家之和平統一，能不水到渠成乎？統一要到來時，恐怕山都擋不住了！

或許，這是我個人的推理，但我這麼想，也就這麼做了。當然，更大的動機，還想用我的方式，用自己手上的筆，廣爲宣揚，能有更多人來幫助劉焦智辦「鳳」報（這是一個起點、宣揚道德文化的起點）。

這次參加本會，我另外帶來兩本小小的書給各位佳賓，給大家參考。

「大浩劫後：日本東京都知事石原慎太郎『天譴說』溯源探解」（台北，文史哲出版社，二〇一一年六月）。

「找尋理想國：中國式民主政治研究要綱」（台北，文史哲出版社，二〇一一年二月）。

這兩本書，前者各位人手一本，後者不足。兩本都是政治領域論述」。表面上，似與今天會議主題不合，殊不知在中國歷史上，「文史哲政」是一體的，不分家的。試想，政治抽離了道德、文化，剩下什麼？恐怕與非洲草原上獅子追殺羊隻或競爭領導權所差無幾了！那時人群社會將是何種情境？

打開中國思想史，不論文學、史學、政治、宗教、文化……你看那九流十家，不論是何人？絕大多數可稱文學家、詩人，但也是思想家、政治家，用現代術語叫「政治人物」。所以，在中國「文史哲政」是不分的。

紙短情長，人生苦短。我不知道六十歲的我，還能爲國家民族做些什麼？只能期待中華文化倫理道德在諸君努力，在兩岸炎黃子民的打拼下，能有進展；則兩岸統一，將指日可待。

這次在這個會議，我特別分發一份資料，並略爲解說，解放軍現役空軍上校戴旭的論文，「醒世危言：我們國家沒有國家戰略。中國能否擺脫下一場戰爭劫難」。這篇論文的觀點和我多年前出版的一本書，「國家安全與戰略關係」（台北，時英出版，二〇〇〇年三月）其核心思維極爲相似，從大歷史、大國興衰、全球地緣戰略的戰略高度，論述中國在本（廿一）世紀的發展，但戴旭比我悲觀一些。

戴旭，著名軍事評論員、現役空軍上校、出版過《盛世狼煙：一個空軍上校的國防沉思錄》、《海圖騰：中國航母》、《C形包圍：內憂外患下的中國突圍》等書，對我國在廿一世紀的發展，戴旭充滿危機意識，或許他和我同是上校軍官，又同是作家（作家通常有比常人較深的思維和觀察力）。所以，我和他雖不認識，相隔萬里，已把他引爲知己，如同我心中的我國古代大戰略家孫子、孔明等，雖不相識，已能讀其文如讀其心。相信他遲早要升少將，希望他當了將軍還能保有這種「純潔的觀察力」，很多軍人升了將軍全都變了，但願他保有初心，並對我國（中國、中華民族）做出貢獻。

戴旭的論文提到幾個重點很值得當代中國人提高警覺。二〇三〇年代中國面臨第三次被瓜的危機、美國已對中國完成了「C型包圍」；乃至中國現在的「核心產業」都是「空心」產業，中國目前的經濟結構，這些構成GDP的財富，我們都沒有自衛能力。關於戴旭的觀點，本文掃描部份（未經他同意不能全用）。

醒世危言

本文資料來源：網路

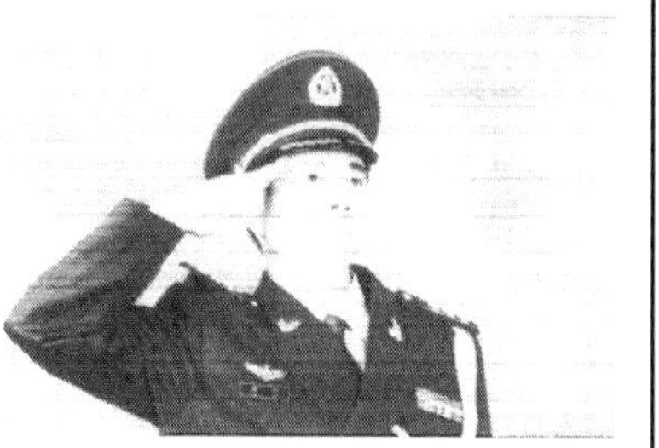

解放軍空軍上校戴旭

我們國家沒有國家戰略。

整個晚清，清醒的只有曾國藩的幕僚趙烈文一人。他 1867 和預言國家將亡的時候連曾國藩都不相信。因為這個時候，洋務運動剛剛開始，一切都呈現出欣欣向榮的景象。但趙烈文從當時官府明火執仗、社會兩極分化、百姓窮困潦倒、朝中大臣無能的情況，當然還有外敵虎視眈眈的外部背景，推斷清朝將在 50 年內滅亡。

最大的危險是看不到危險。我們的很多學者和官員，只看到鮮花美酒，GDP，眼睛盯著權位和女人，像一隻短視的食草動物。

中國能否擺脫下一場戰爭劫難

在深圳大學的演講

戴旭

P1

（著名軍事評論員、解放軍空軍上校戴旭，接連出版了《盛世狼煙：一個空軍上校的國防沉思錄》、《海圖騰—中國航母》、《C 形包圍：內憂外患下的中國突圍》等書，其充滿危機意識的見解，引起不少讀者的關注。前不久，戴旭應邀赴深圳大學演講，在此選登部分內容，僅供讀者分析參考。）

P2

以下為演講內容：

前不久我曾參加了一個論壇，舉辦方當時邀請了 60 多個人，號稱是中國戰略界的精英，那天我本該在下午發言，但聽了他們上午的發言，我忍不住就把話筒搶過來了。幾乎所有人都在講，我們的 GDP 已是世界第三，很有可能超過日本成為世界第二，說我們再忍 10 年，就可能超過美國，成為世界第一 GDP 大國，到那時，我們中國說話就算數，就可以揚眉吐氣了。我說："這個誰告訴你的？我怎麼聽不懂你在說什麼？"

關鍵在 GDP 品質而非數量

據我所知，1840 年的時候，清朝的 GDP 是英國的 6 倍，英國是什麼國家？它是日不落帝國，它的 GDP 占世界的 5%，我們當時的 GDP 占世界的 33%，英國相當於我們的 1／6。我說：你的 GDP 比英國大這麼多，你怎麼被歐洲肢解了？清朝軍隊當時有 100 多萬人，1840 年進虎門的英國遠征軍只有 4000 人，結果我們 100 多萬人的中國軍隊和人家 4000 人的一支軍隊簽訂了《南京條約》。到 1894 年，人家在我們的土地上爭奪了 50 年之後，我們的 GDP 還是日本的 9 倍，你比日本多這麼多，怎麼反而被日本打敗丟了臺灣呢？

當時會場上的專家們說：那為什麼美國的 GDP 占世界 1／3，美國就是世界上最大的國家呢？我說：這就要看 GDP 是由什麼構成的，不能光看 GDP 的數量。

今天美國 GDP 的構成是什麼？太空產業、航空產業、船舶製造，人家的航空母艦全是自己造的，民航全是自己造的，軍機也是自己造的。電腦產業、生物科技、現代農業，它占世界第一的軍事優勢就是這些東西在支撐。日本的 GDP 是什麼呢？汽車工業、電子工業，全是這些。正因為這些工業奠定了日本在世界上第二強國的位置。俄羅斯的 GDP 現在也是機械製造、航空工業、核工業。所以說儘管俄羅斯的 GDP 只有我們的一半，但世界上仍然把俄羅斯當成大國，這也是俄羅斯下一步必將復興的基礎。

再看清朝，我們清朝的 GDP 是什麼呢？清朝的 GDP 是茶葉、蠶絲、瓷器這些玩意兒，人家是什麼？鐵甲艦、大炮。所以我說戰爭是雙方 GDP 品質的對撞，不是 GDP 數量的抵消。一天我和軍工產業的一個老總聊天，他說航空工業的老總提出，航空工業要在近幾年內達到萬億產值。達到萬億有什麼用呢？如果不掌握核心技術，單純追求 GDP，那就什麼都不是。我們今天的 GDP 跟清朝差不多，主要是什麼構成的呢？房地產、紡織品。

有一句話是薄熙來說的："8 億條褲子換歐美一架飛機。" 8 億條褲子想想堆起來有多大，把一個大型的廣場都占滿了，才能換人家一架飛機。還有煙酒、玩具，就是這些東西，這些東西在戰爭時不能轉換為國防力量，我們不能拿著玩具去跟人家打仗吧。所以在戰爭的時候怎麼辦？那就"用我們的血肉築成我們的長城"。

在我的《盛世狼煙》那本書裡，我說房地產支撐不了大國崛起，我當時有一個觀點，我說：現在的房地產，是國內的壟斷資本和國際資本聯合起來打劫中國人民的財富。我們目前所有主力戰鬥機的發動機全是人家的，殲-10 用的是俄羅斯的發動機，飛豹是英國的發動機，預警機 EL76 是人家的原機，我們很多大型軍艦用的也是人家的發動機，你連個發動機都造不出來，搞 1 萬個億有什麼用呢？

P3

欠我 8000 億美元國債怎樣還？？？

美國人欠了我們 8000 億美元國債，我們想沒想過美國會不會還？我們的官員跟美國的領導人說：你要保衛我們資產的安全。美國人說：你放心，你這塊肉在我肚子裡很安全。那你什麼時候拿回來呢？它可能回不來了。我有好幾個理由可以支援。

去年 9 月，奧巴馬宣佈對中國輪胎實施為期 3 年的懲罰性關稅以後，有 55 個國家在幾天之內對我們進行反傾銷起訴。一個美國人說的：目前世界各國都在拉幫結派，利用世貿組織的規則對中國發起暴徒般的反擊。

能否擺脫下一場戰爭劫難

講到這個情況，我又提出一個問題，就是中國面臨的情況，除了內憂外患外，我們能否擺脫下一場戰爭劫難？美國是一個軍工綜合體的國家，美國有 1／3 的企業在從事軍品生產。不打仗誰要軍火呢？所以美國到處打仗。我們今天用的很多東西，實際上都是美國的軍工產品。我們的手機是美國在朝鮮戰場上用的一個戰場通信系統，那就是手機的原型。電腦是美國當時在核軍備競賽中為了超越蘇聯發明的。這些都是把軍用技術轉為民用的。所以我說，美國一定會打仗。

戰爭總是跟著財富走，這是世界經濟規律，就像食肉動物跟著食草動物走一樣。我們可以看 20 世紀的 3 次財富大的轉移，第一次是歐洲從中國搶完財富以後，歐洲暴富起來了，在上世紀 50 年代以前，歐洲成了世界的財富中心，就在這個地方連續爆發了兩次世界大戰。第二次財富轉移發生在七八十年代，中東的石油成為西方的命脈，所以從那時候，中東連續打了 20 多年 5 場大的戰爭。

我認為未來 20 年，中國會面臨大的考驗。為什麼我說 20 年呢？到 2030 年的時候，我們的城市化可能達到最高峰，正好也是世界走出金融危機，世界新一輪經濟革命完成的時候，而且很多國家的軍事革命也完成了。所以這個時間是一個非常重要的節點。

腐敗問題也會加速危機的到來。忘了奮發向上的生活，整天忙於滿足物質的欲望，這種民族肯定是要衰敗的，歷史規律就是這樣的。我希望我們的國家從 GDP 的迷途中醒過來，確立正確的戰略思維。（《青年參考》／演講人　戴旭）

P4

戰爭就要來臨我們還在沉睡

作者：戴旭

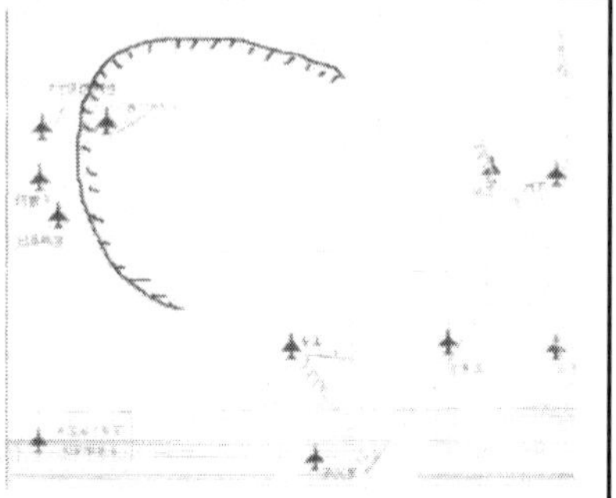

P5

今天中國的經濟，有人說是房地產經濟，我看有幾分道理。在激素的刺激下，中國長成了一個沒有骨頭的大胖子。我們錯把重量當力量，把肥大當強大了。

除了這個經濟發展的概念之外，還有一些國內外的人，在說著很多漂亮話，解除中國人的精神武裝。這裡我就要說到第一個演講的門蒂斯先生。因爲他發明的一個“中美國”的 G2 概念，讓不少中國人聽了很受用，認爲美國人終於把中國當平等哥們了，至少是承認中國的實力了。前幾年佐利克說個中國是利益攸關方，不少人就很感動。可是，聽了門蒂斯先生關於 G2 的解釋，我總是感到不對勁：他說，中國人生產，美國人消費；中國人掙錢，美國人借錢。就這個模式。這根本就是讓中國當奴隸，讓美國當老爺的模式嘛！憑什麼中國人天生就要爲美國人打工？我們自己不會消費嗎？中國人真的是牛，吃的是草，擠出來的是奶，還要端給美國人喝？爲什麼美國要借中國的錢？世界上有富人向窮人借錢的道理嗎？國金證券首席經濟學家金岩石先生給我講了他的導師索羅斯的故事。他說這個 70 多歲的美國大富豪，現在是怎麼生活的呢？就是每年和一個不同種族的女人發生一次戀愛，一年換一個。有協議，很合法。再就是捐錢給美國的窮人。他這種消費財富的方式，其實就是今天美國糟蹋世界錢的縮影。它通過美元霸權，攫取全世界的財富，就這樣玩錢。這就是美國人借了中國錢的用法。中國人的錢是怎麼掙來的？每年的礦難，環境污染，辛苦的打工者，中國的錢都是帶血的。但是，美國“借”走就像索羅斯這樣玩。

那美國怎麼還呢？我在這裡要加上一個個人的判斷，並且願意與諸位打賭：我認爲美國欠中國的錢，是永遠不會再歸還了，至少不會等值歸還了。就像一塊肉進了狗肚子，你怎麼還能指望它給你吐出來呢？我們有些人還要求美國保證我們美元資產的安全，這就等於跟那條狗說，你要保證我們那塊肉的安全。狗一定會說：放心吧，你的肉在我的肚子裡很安全！

一些學者可能會較真，你可以賣呀。但是你賣，它可以凍結啊！你賣不了。賣少點可以，賣多了不行。

它只是不斷地借新錢還舊債，都是你的錢在迴圈。所以，表面上看起來它在不斷的還，實際上是在吃你的肉，卻在拉狗屎給你，因爲它在通貨膨脹，錢在貶值。它不可能真正還肉給你的，它怎麼可能吐出來？我最初只是判斷美國不會還，金岩石博士給我講的另一個故事證明了我的推論：有一天巴菲特在一個經濟學家和政府官員參加的會上說，美國經濟的運轉，就是靠不停地借錢。一個美國小孩問他說：巴菲特爺爺，您這輩子借的錢，將來是不是要讓我們去還？巴菲特說：孩子，好好學習！讓你的孫子替你還！那我們就看看，未來美國孫子是怎麼還這筆天文數字的錢吧！而且門蒂斯先生在演講中，也回答了我之前對這個問題的質疑：他說，當初我們欠英國人的錢，我們把它打跑了。我們也欠過荷蘭人的錢，我們也把它打跑了。我們現在也欠中國人的錢。本質上這沒有什麼不同，只是 8000 萬和 8000 億的區別。馬國書先生跟我說，這是他在開玩笑。可是我就是笑不出來。一個黑老大，“借”了你的錢，他帶著打手、槍炮和狼狗，你一個乾巴瘦的平民小老頭敢跟他要？能要得回來？所以，現在它們關於保護我們資產的承諾，在我聽起來就是放狗屁。這就是我們能指望的了，要麼是狗屁，要麼是狗屎。你要再不服，它還可以露出帶血的狗牙給你看看：你是要錢，還是要命？！

P6

2030 肢解中國

五、中國正面臨第三次被瓜分的危機（1）

在社會持久*和日益貧困化的情勢下，發達國對中國將像對非洲落後民族一樣，提出淘汰人口（即滅絕種族）的要求。美國曾經有過一個對於全球的設想。他們認爲，最理想的地球，人口應該只有現在的 20%。所以，我在想，美國扶持並刺激一些中國周邊的國家擁有核武器，以後會不會策劃一場針對中國、印度和亞洲其他地方的核屠殺。美國現在在亞洲和歐洲的邊緣地區部署反導彈系統，就是害怕這些核導彈，飛到亞洲以外的區域。亞洲是世界人口最稠密的地方，也是西方文明很難徹底統治的地方。

只要中國不從屬於西方利益特別是美國利益，試圖維持本民族獨立，中國就必然長期被西方集體孤立和抑制。當年的蘇聯，今天的俄羅斯、伊朗等國面臨的困境和問題，和中國是一樣的。美國對付中國的戰略，是一貫的，清晰的，不分黨派。政治的、文化的、外交的、經濟的、軍事的，時而國際時而國內，時而搞個什麼 G2 “中美國”概念，忽悠中國，離間中俄，時而又在兩岸和中日之間左右逢源，在中國周邊又打又拉，分化瓦解，笑裡藏刀，組合拳，連環腿，步步緊逼，近 20 年來可以說始終不給中國片刻喘息機會。而中國則是四面招架，防不勝防。總結一些美國對中國的做法，幾乎可以編一本《折騰中國的千百個理由和做法》。奧巴馬上台以後，很多人以爲他可能比前任對中國好點，結果如何？連續兩個反傾銷，貿易保護主義先拿中國開刀。

P7

第三個，也是最重要的，就是歷史的啓示－－

一百年，英國的經濟危機，導致了第一次世界大戰。

整整八十年前的 1929 年，由於美國的經濟危機，世界和今天一樣也陷入巨大的金融恐慌，進入大蕭條期。先是兩年後日本佔領中國東三省，選擇以戰爭拯救經濟的國策；10 年後的 1939 年，德國在歐洲發動戰爭，整個世界陷入浩劫。一場金融危機，讓人類付出這樣的代價。今天，格林斯潘說，我們將面臨百年一遇的大危機，遠遠超過上一次的大蕭條。誰能告訴我這次金融危機，一定不會導致戰爭？蘭德公司已經爲美國公司建議說與其用 7000 億美元救市，不如打一仗。美國的軍工寡頭們，會忍受這樣的危機到什麼時候？上一次危機，列強國家的寡頭忍了十年，二十年，我不知道未來十年，如果美國的經濟一直不能復蘇的情況下，美國的寡頭會做何選擇。

上次蕭條期，各國都選擇了大規模製造武器，日本大批的航空母艦就是這個時期突破華盛頓條約限制而製造出來的。美國也是這個時期大造航空母艦、遠程轟炸機，最後，這些東西都用上了。這和今天的情況一模一樣。全世界只有中國宣佈用 4 萬億帶動 20 萬億人民幣造”鐵公雞“，鐵路、公路和基礎設施。其他大國都在造軍備。日本今年下水兩條直升機航母，印度宣佈將造 3 艘航母，十艘核潛艇。美國已經製造了近 200 架的 F－22，還在繼續大規模研製新一代武器，2009 年 6 月成立網路戰司令部。俄羅斯也在進行大規模的裝備生產。

中國因爲沒有實現工業化，沒有親身經歷兩次經濟危機，對經濟危機會導致世界大戰沒有直接記憶，所以對眼下的金融危機可能會導致什麼後果，還不怎麼明白。

如果這次金融危機導致戰爭，我認爲還是一場世界大戰。20 世紀喊了多少年的第三次世界大戰，很有可能將在 21 世紀爆發。

中國一點都不想打仗，不想和美國搞對抗，但美國卻費盡心機，折騰中國。就像牛一點都不想和老虎對抗，但老虎總是圍著牛又吼又抓，還時不時咬一口。小布希上臺，對中國咄咄逼人；奧巴馬上台，又對中國展開不動聲色的合圍。以眼前論，美國深陷金融危機，不好好做自己的事，救自己的金融機構和實體經濟，希拉蕊和奧巴馬還到處穿梭，忙於包圍中國，還製造 14 噸的超級大炸彈。很多人想不明白爲什麼。

除了前面說的總體戰略原因，從長期說，是防止中國利用美國陷入金融危機的時機，實現國家的大幅度發展，進入強國俱樂部。那樣，世界上不僅多了一個經濟領域的分羹者，還少了一群最廉價的打工者。西方－－主要是老歐洲國家，也是出於這一動機，加入以美國爲首的、對中、俄的戰略包圍圈。看看北約國家在阿富汗的積極程度，看看德國、法國在*問題上對中國的干涉和糾纏就知道了－－削弱中國，永遠是西方的戰略目標。這些嘍囉跟著美國混，就是因爲美國撲倒大獵物之後，它們可以分點殘羹剩飯。從短期說，美國現在包圍中國，就是要把資本趕到美國去。資本是什麼？是一隻鳥。鳥的膽最小，哪裡安全去哪裡。這也是本·拉登的高明之處，把美國世貿大樓打掉了，把資本之鳥驚散了，其中很多跑到中國。現在，美國拿著”槍“來了，想把這些鳥再嚇走，再飛到美國去。嚇不走就打走。這就是美國在中國周邊製造危機，在中國國內製造動亂的全部目的。

歷史並沒有遠去。1840 年，歐洲第一次對中國瓜分；1894 年，中國洋務運動也就是第一次改革開放失敗，世界對中國進行第二次瓜分。

在這 50 年的兩次瓜分中，中國失去了中華文化圈中的日本，朝鮮半島；東南亞；臺灣；東北大片領土以及蒙古。

P8

中國像一個巨大的冰塊，被西方敲掉了一大圈。

只是由於二戰的爆發，帝國主義國家間狗咬狗，中國才從日本和西方兩隻狗嘴裡死裡逃生。之後，蘇聯的崛起，把西方勢力頂住，中國加入東方陣營，才守住本土不失。

……（以下略）

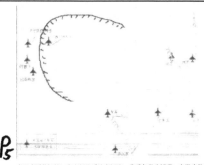

放眼全中國（包含港台等三地），深入觀察、思考，我不認爲已經回復到一個「常態社會」。往昔那一百多年，整個中國（及港台）受到「重傷害」，倫理、道德、文化「倒地不起」，這需要多久的「復原期」？

肉體的傷害，或許駐蹕芮城的呂洞賓仙藥可快速療傷止痛；但，倫理、道德、文化，乃至民族自信心，絕對需要人民的自覺、覺醒。廿一世紀，中國的發展、中國的崛起、中國的和平統一，我們不缺席，芮城諸君亦有功焉。

草稿於二〇一一年八月，修稿於十一月

卷六：書法之都在芮城　丹青不朽情永恆

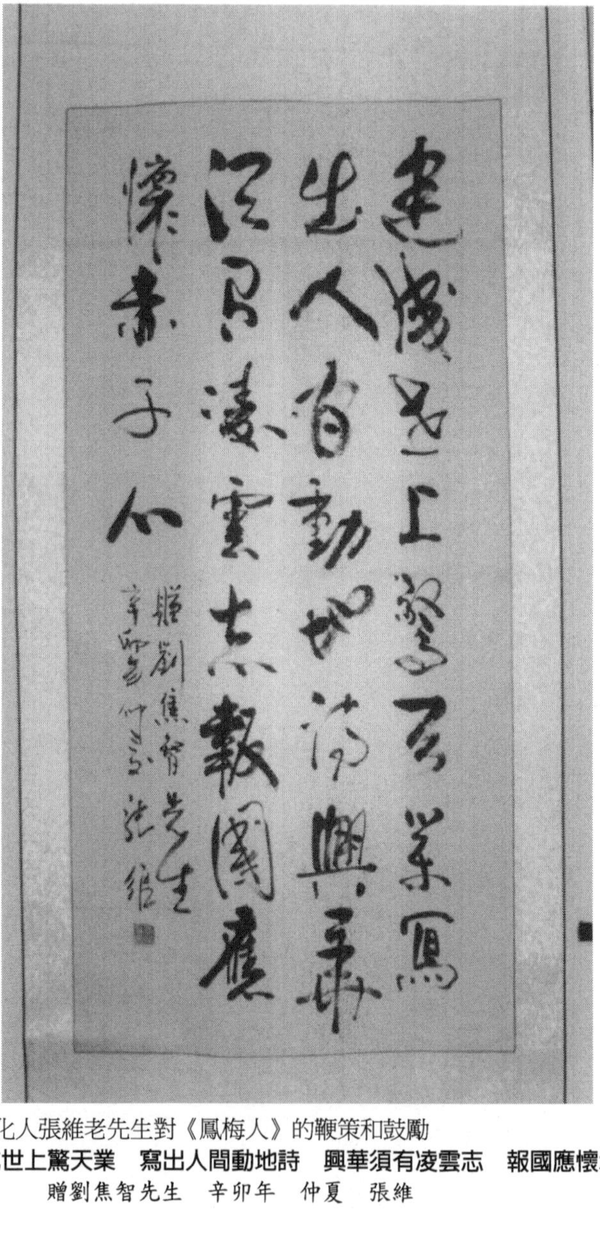

芮城文化人張維老先生對《鳳梅人》的鞭策和鼓勵

建成世上驚天業　寫出人間動地詩　興華須有凌雲志　報國應懷赤子心

贈劉焦智先生　辛卯年　仲夏　張維

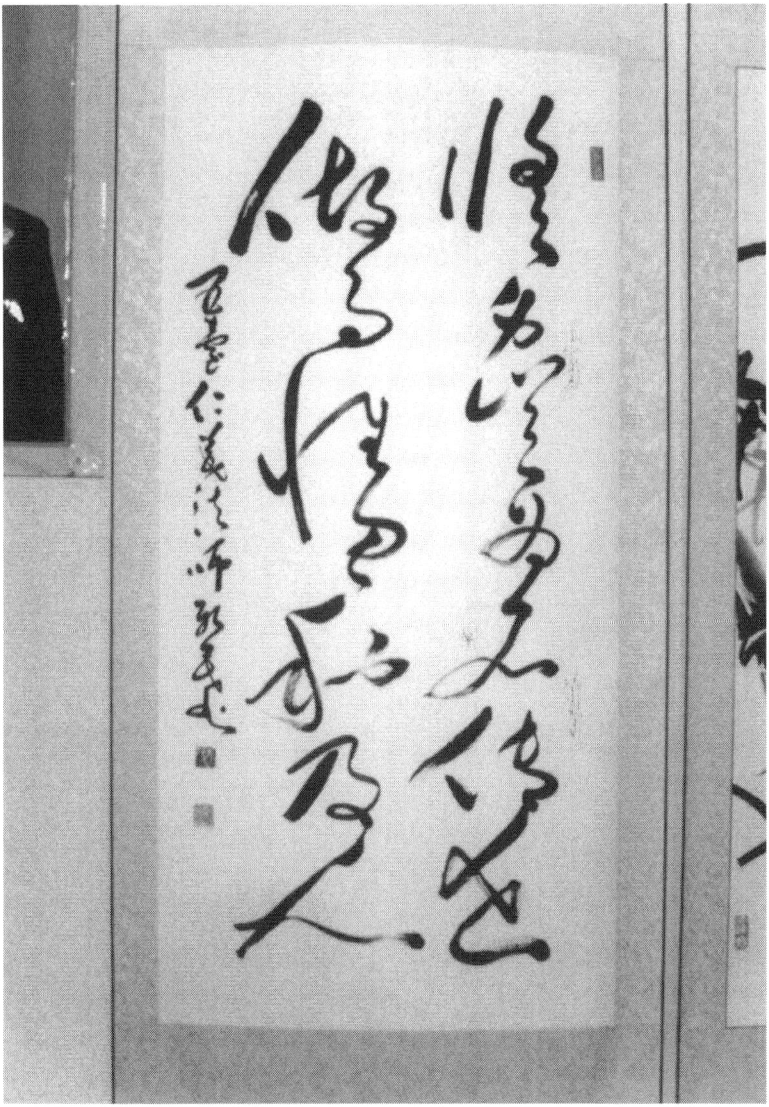

芮城文化人寧新卯先生對《鳳梅人》的鞭策和鼓勵

修身豈為名傳世　做事唯思利及人

五臺仁義法師　新卯書

芮城文化人楊雲老先生對《鳳梅人》的鞭策和鼓勵：書孫中山名言

道以實而立　事惟公乃成

孫中山先生名言　辛卯年金秋　楊雲書

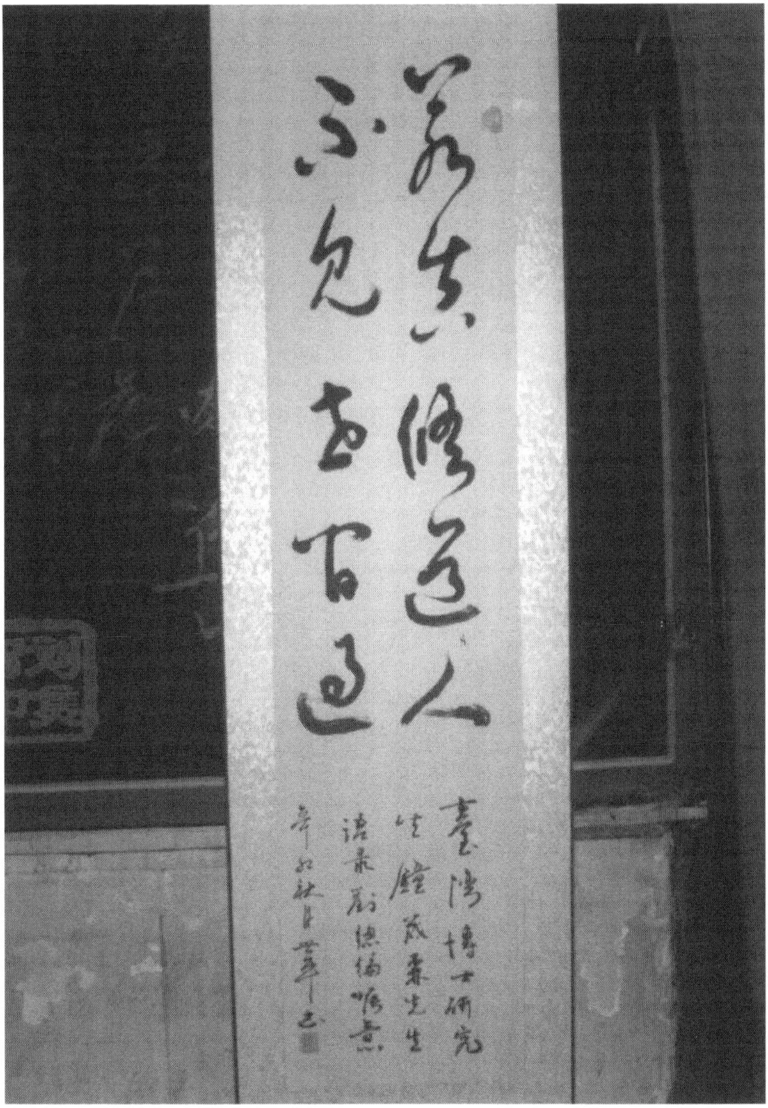

芮城文化人范世平先生對《鳳梅人》的鞭策和鼓勵：書鐘茂林先生語錄

若真修道人　不見世間過

臺灣博士研究生鐘茂林先生語錄　劉總編囑意　辛卯秋日　世平書

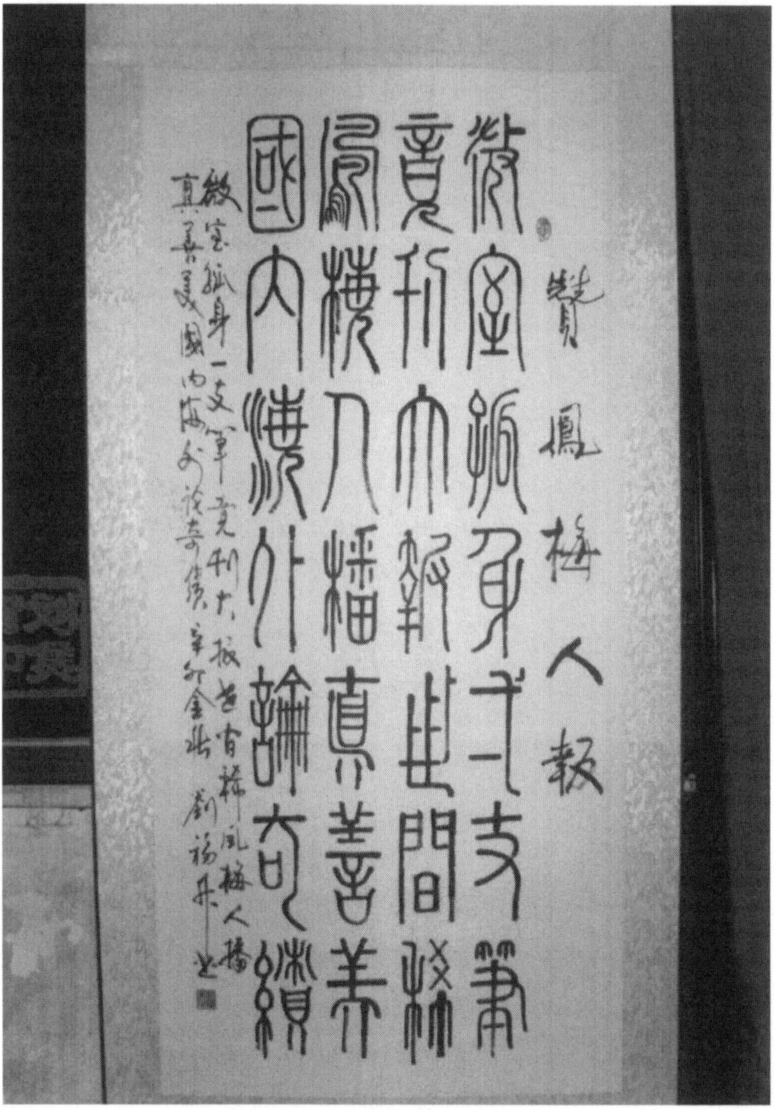

芮城文化人劉福升先生對《鳳梅人》的鞭策和鼓勵

微室孤身一支筆　競刊大報世間稀　鳳梅人播真善美　國内海外論奇績

辛卯金秋　劉福生書

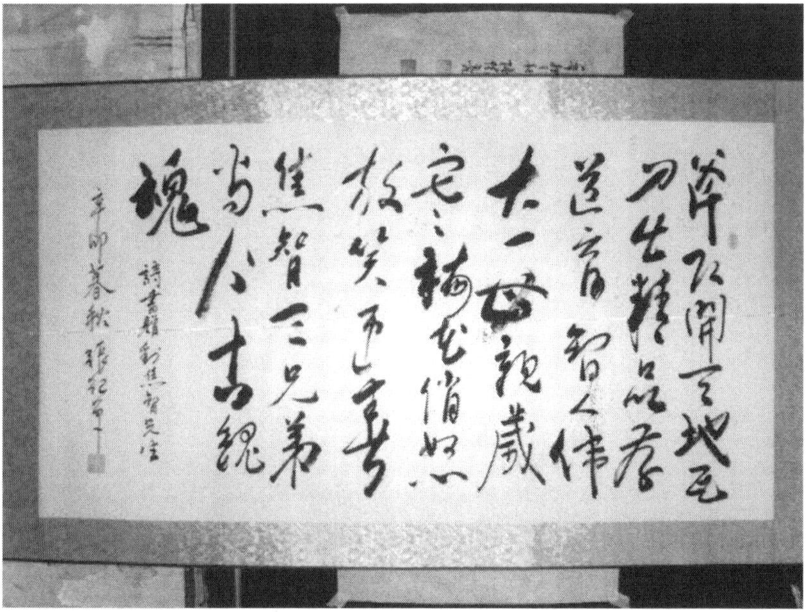

芮城文化人張紀平先生對《鳳梅人》的鞭策和鼓勵

斧頭開天地　瓦刀出精品　孝道育智人　偉大一母親

歲寒梅花俏　怒放笑迎春　焦智三兄弟　當今古魏魂

詩書贈劉焦智先生　辛卯暮秋　張紀平

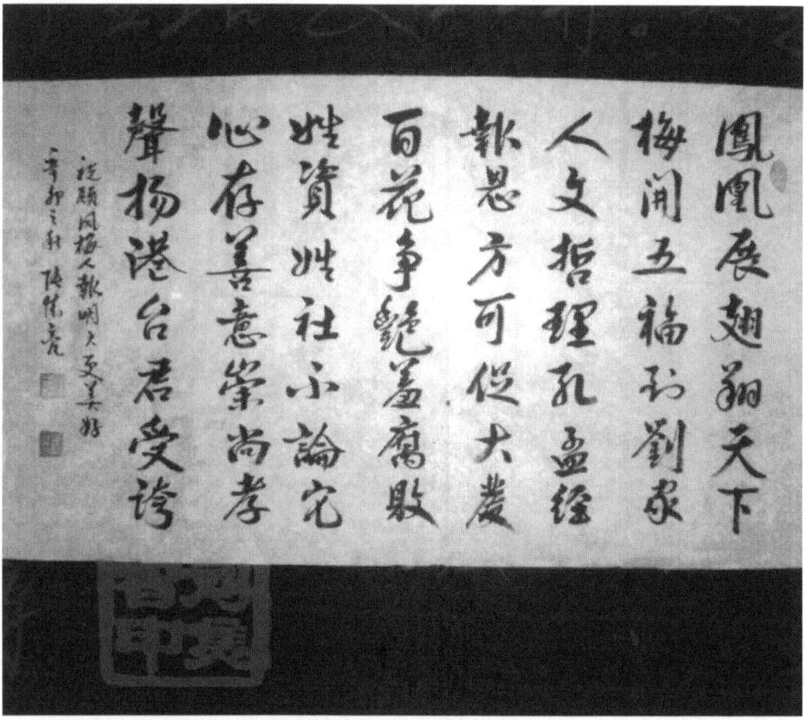

芮城文化人張懷亮先生對《鳳梅人》的鞭策和鼓勵：鳳梅人報　百姓心聲

鳳凰展翅翔天下　梅開五福到劉家　人文哲理孔孟經　報恩方可促大業

百花爭艷羞腐敗　姓資姓社不論它　心存善意崇尚孝　聲揚港臺君受誇

祝願鳳梅人報明天更美好　辛卯之秋　張懷亮

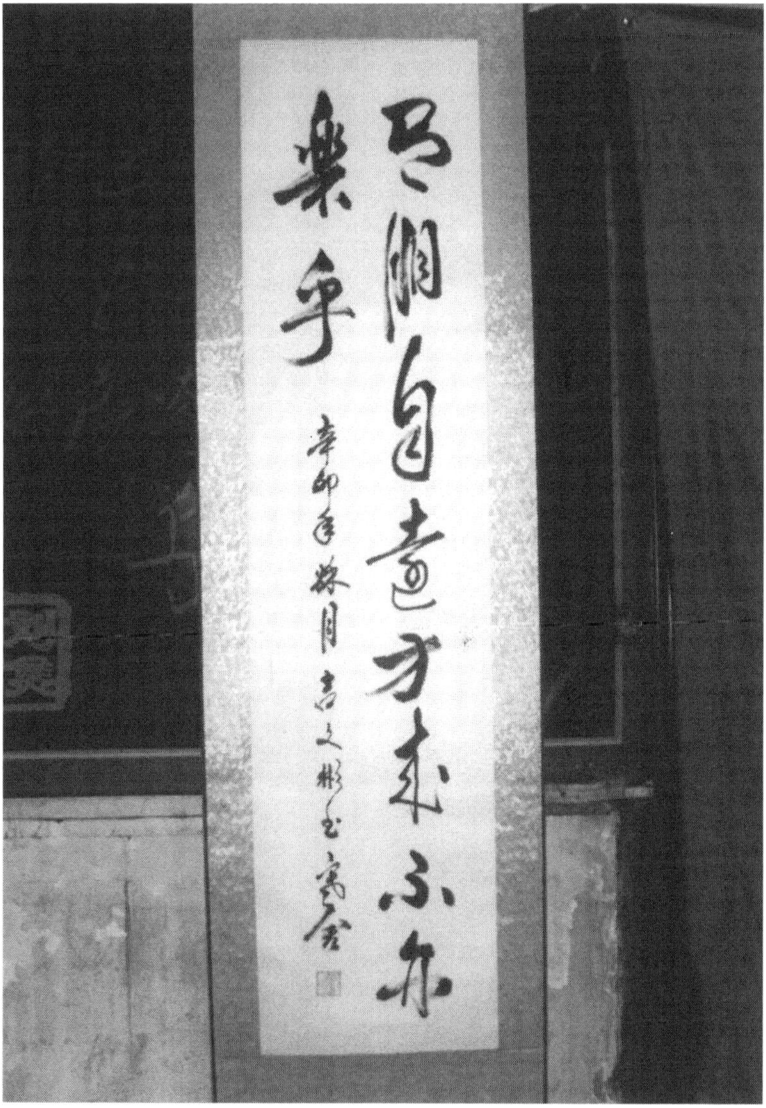

芮城文化人吉文彬先生對台客、陳福成等六位臺灣貴賓的歡迎詞

有朋自遠方來不亦樂乎

辛卯年　月吉文彬書于寒舍

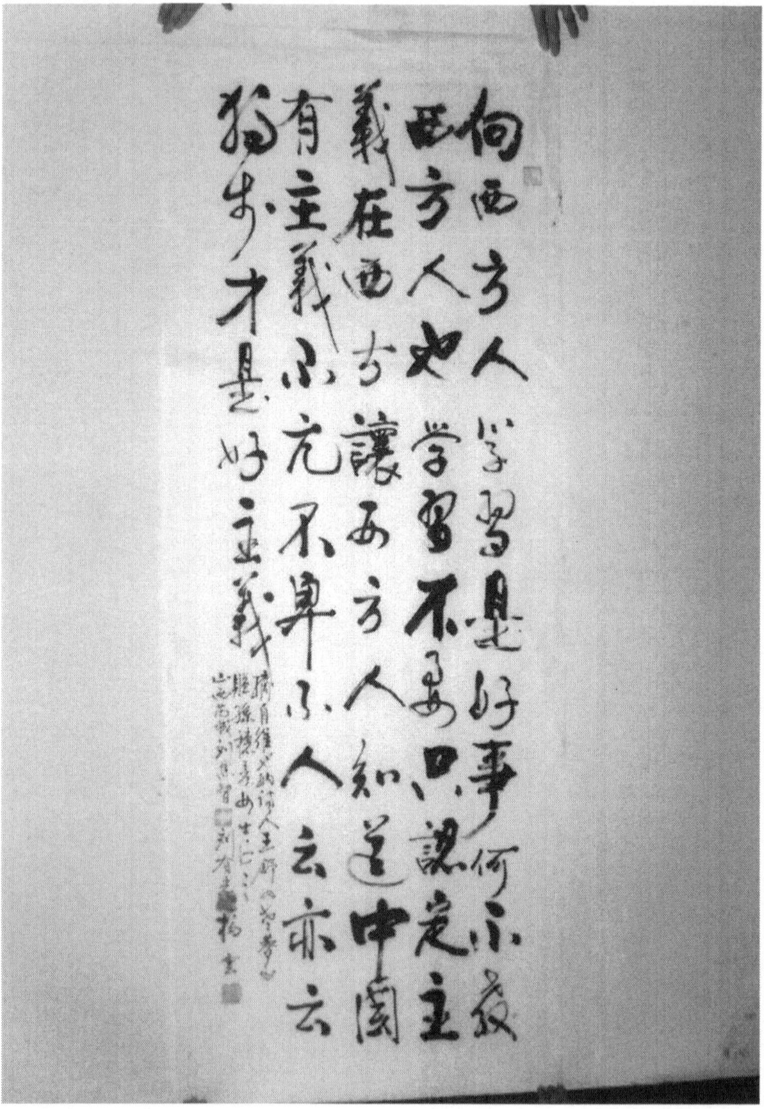

書法一：中國有主義

向西方人學習是好事，何不教西方人也學習，不要只認定主義在西方，讓西方人知道中國有主義。不亢不卑，不人雲亦雲，獨步才是好主義。

摘自維也納畫家王舒《老夢》贈孫穗芳女士正之

山西芮城劉焦智　劉有光　楊雲

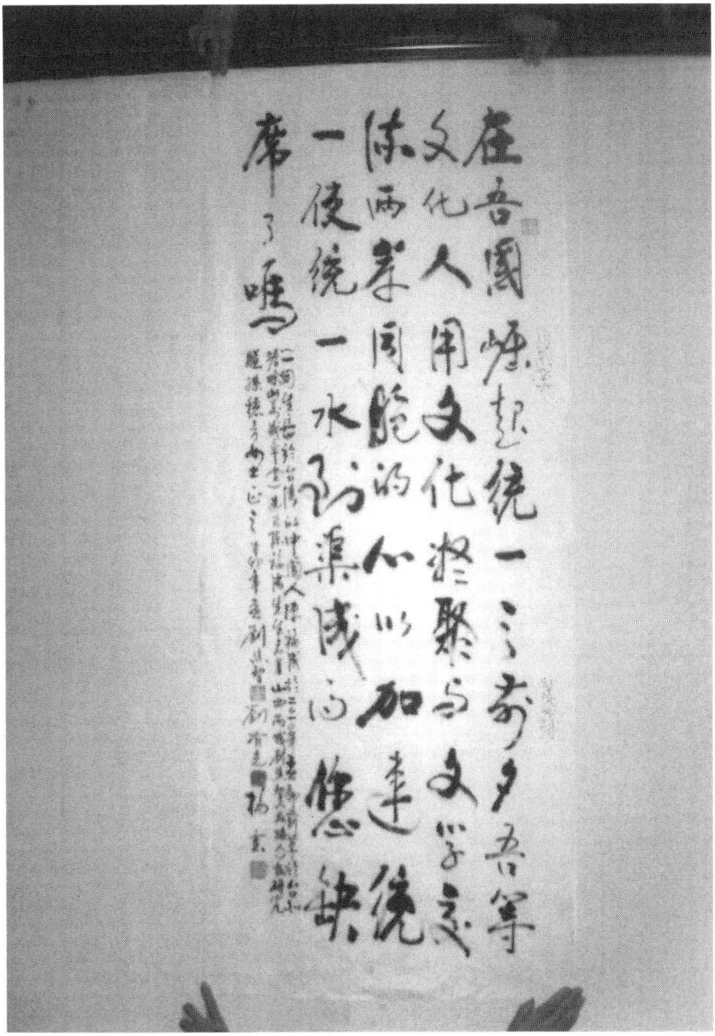

書法二：國家興亡　匹夫有責

在吾國崛起統一之前夕，吾等文化人用文化凝聚與文學交流兩岸同胞的心，以加速統一，使統一水到渠成。而你，缺席了嗎？

（一個生長於臺灣的中國人陳福成，於二〇一〇年春節前草於臺北蟾蜍山萬盛草堂。）選自陳福成先生名著《山西芮城劉焦智鳳梅人報研究》贈孫穗芳女士正之。

辛卯年春劉焦智　劉有光　楊雲

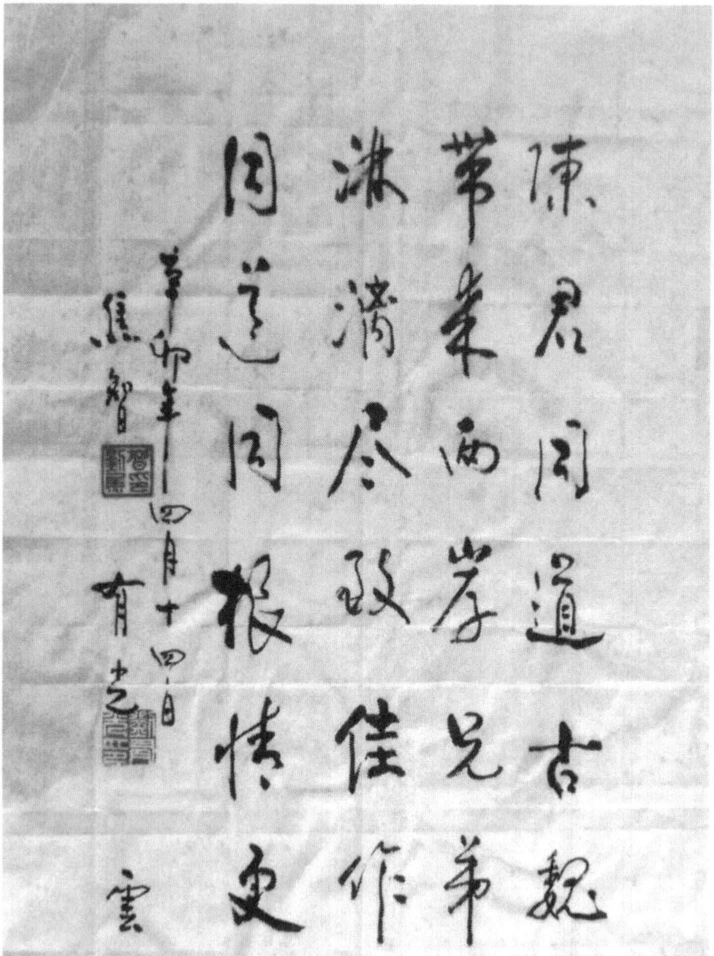

芮城文化人劉有光、楊雲先生對陳福成先生的敬仰詩

陳君同道古魏行　帶來兩岸兄弟情　淋灕盡致佳作内　同道同根情更濃

辛卯年四月十四日　焦智　有光　雲

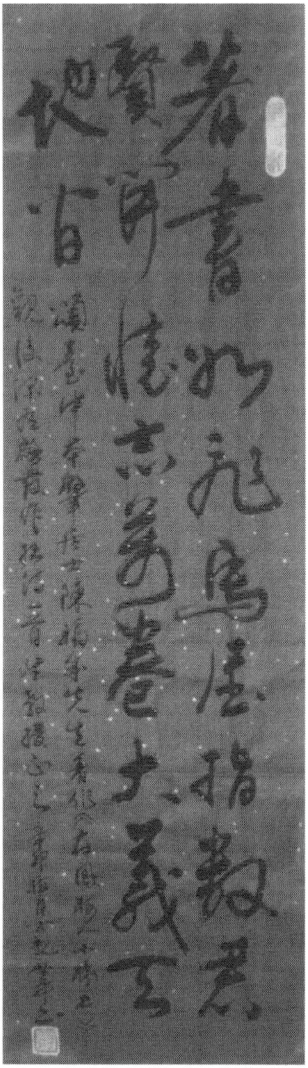

芮城文化人范世平先生對陳福成先生的敬仰詩

著書如飛馬　屈指數君賢　常懷志萬卷　大義天地間

頌臺北本肇居士陳福成先生著作《在鳳梅人小橋上》，

觀後受啟發，作拙詩一首，望教授正之。

辛卯梅月古魏世平書

2011.9.11

2011.9.11

2011.9.11
2011/09/11

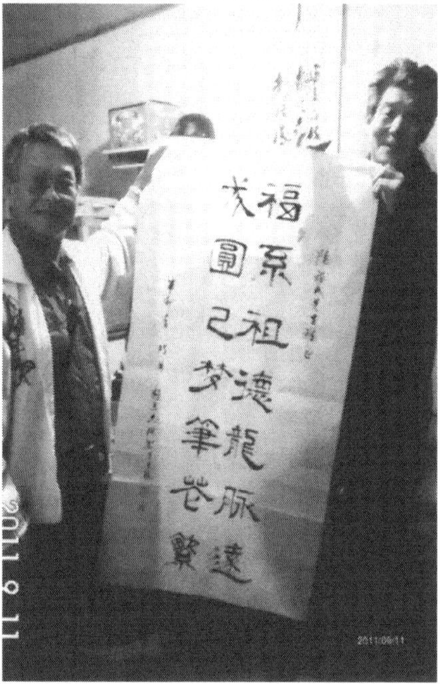
2011.9.11
2011/09/11

2011.9.11

2011.9.11

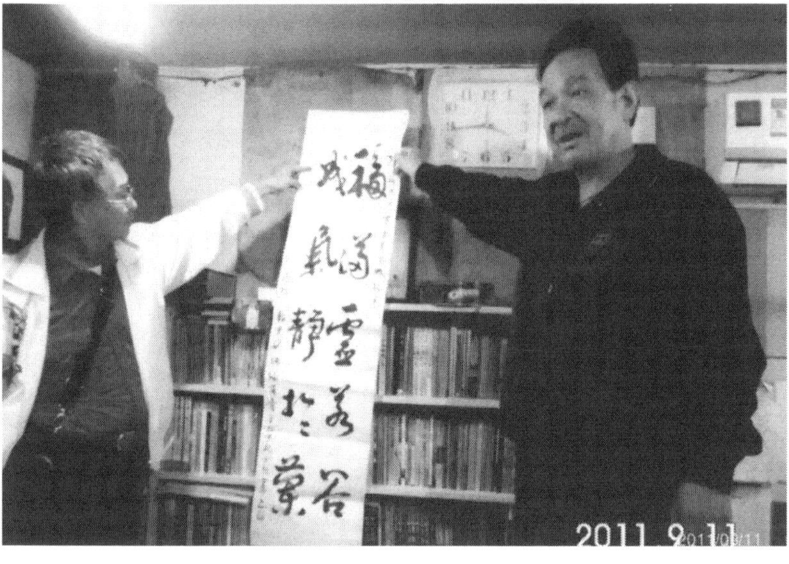
2011.9.11

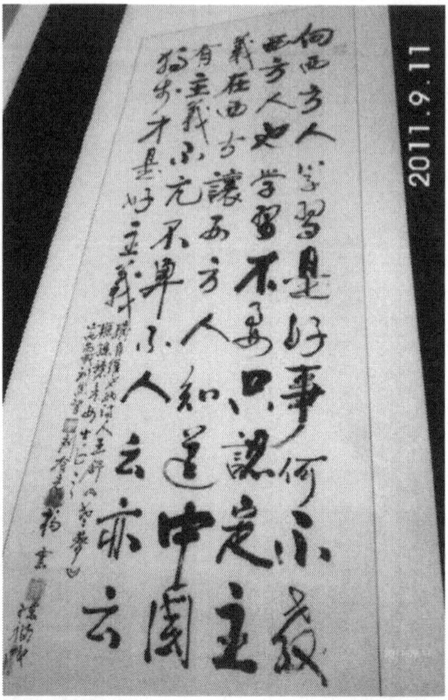
2011.9.11

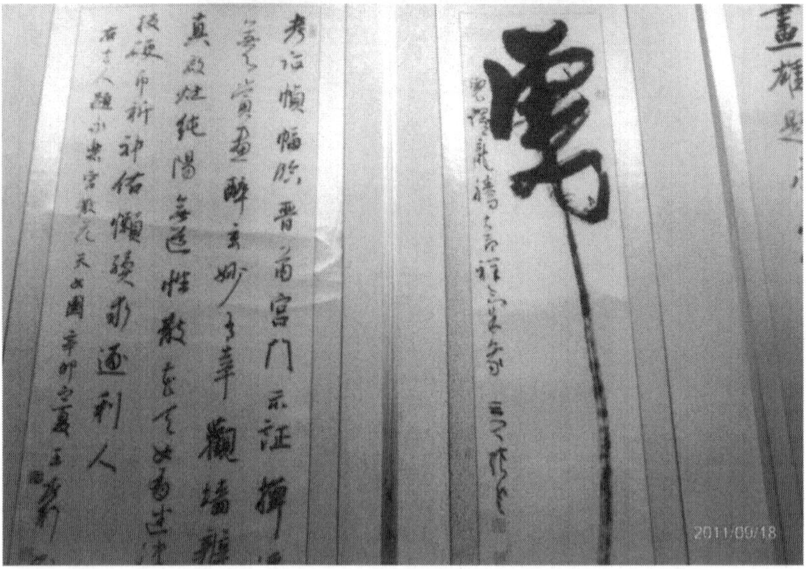
2011/09/18

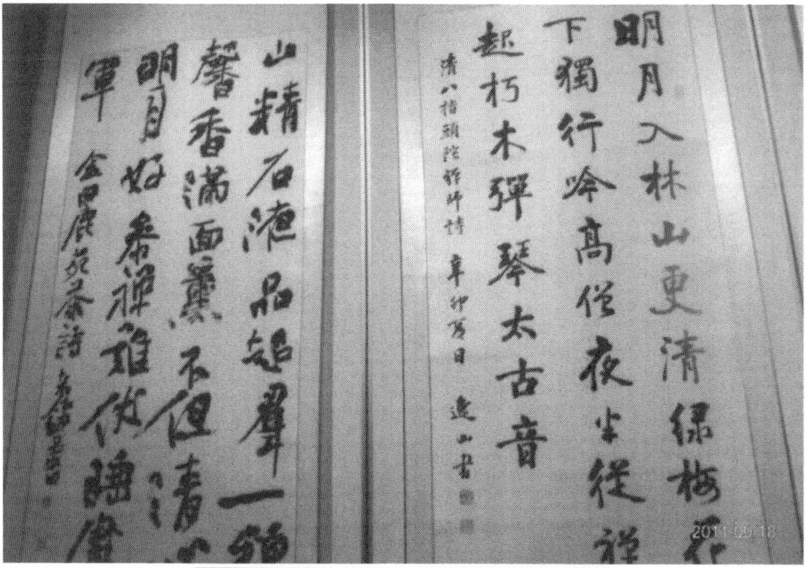
下獨行吟高從夜半從禪
起朽木彈琴太古音
清八指頭陀禪師詩
逸山書
2011.09.18

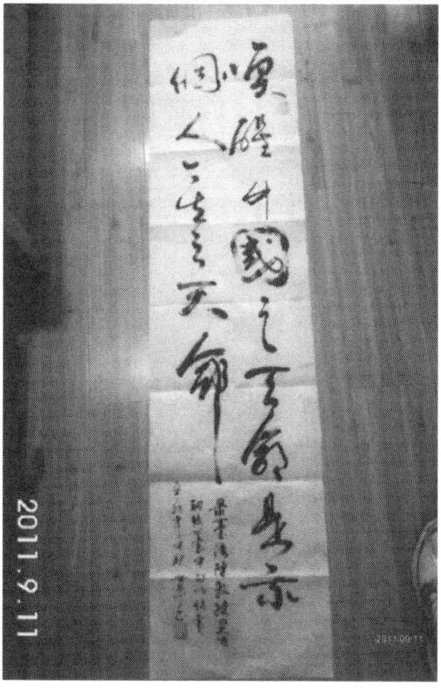
2011.9.11

2011/09/18

2011.9.11

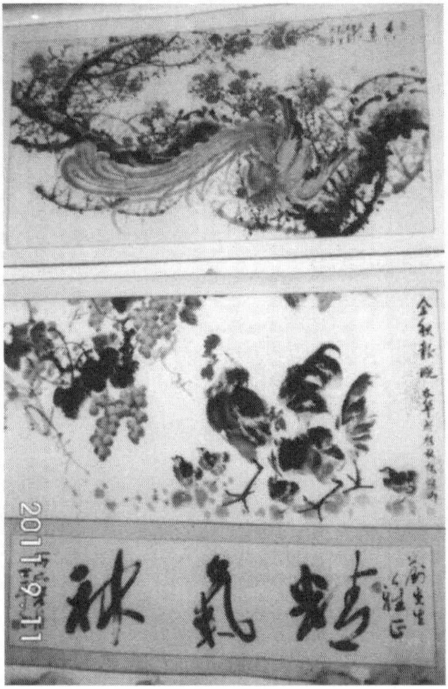

2011/09/18

2011.9.17

2011.9.11

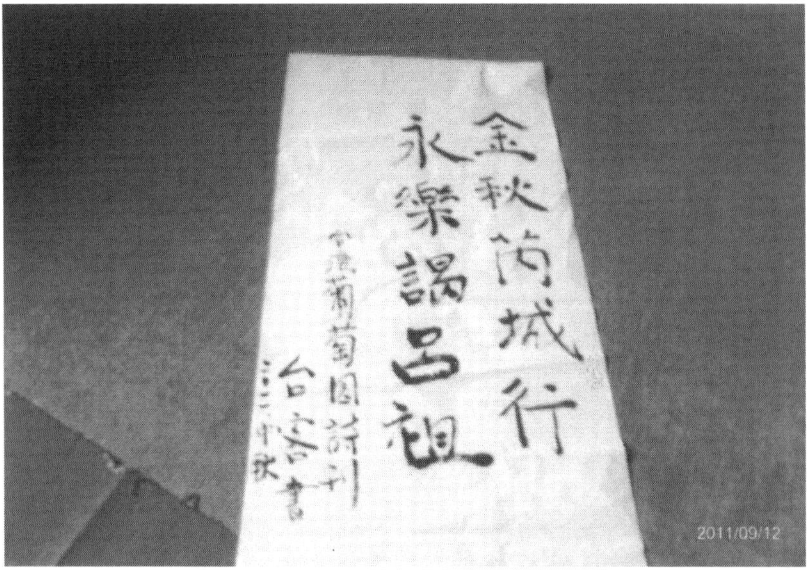
金秋芮城行
永樂謁呂祖
台客書
2011/09/12

2011.9.11
2011/09/11

2011.9.17

2011.9.17

2011.9.17

2011.9.17

2011.9.17 2011/09/17

2011.9.17 2011/09/17

2011.9.17

2011.9.17

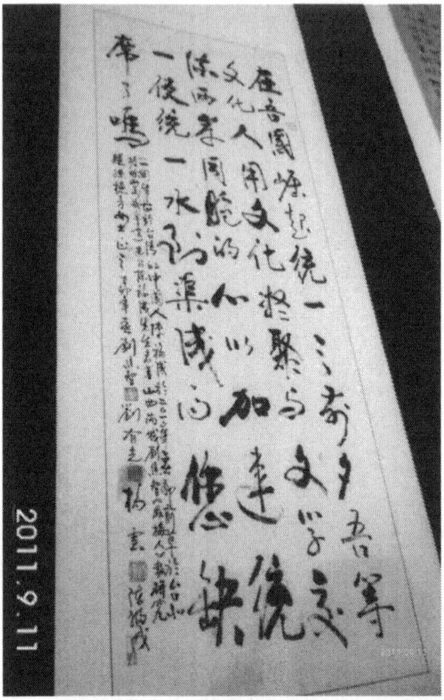
2011.9.11

2011.9.17

2011.9.17

2011.9.17

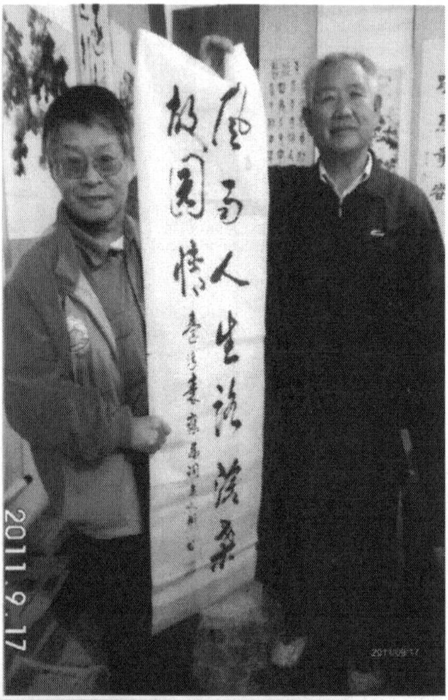
2011.9.17

2011.9.11

2011.9.17

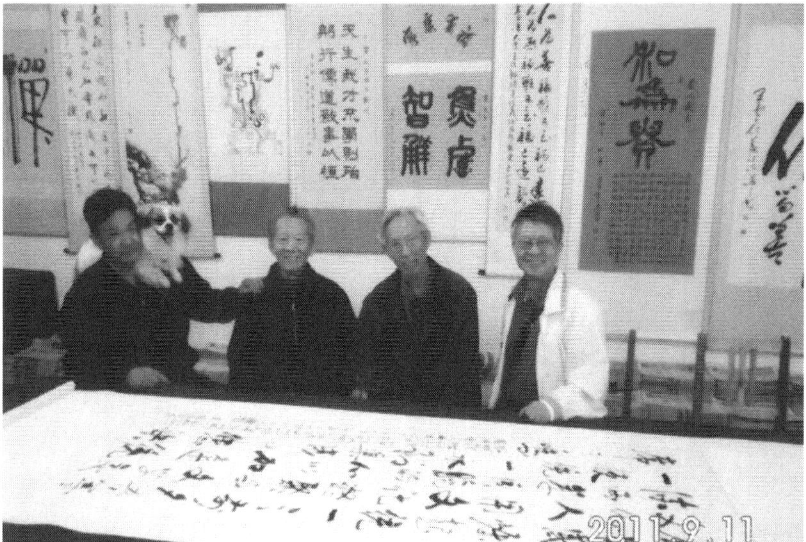
2011.9.11

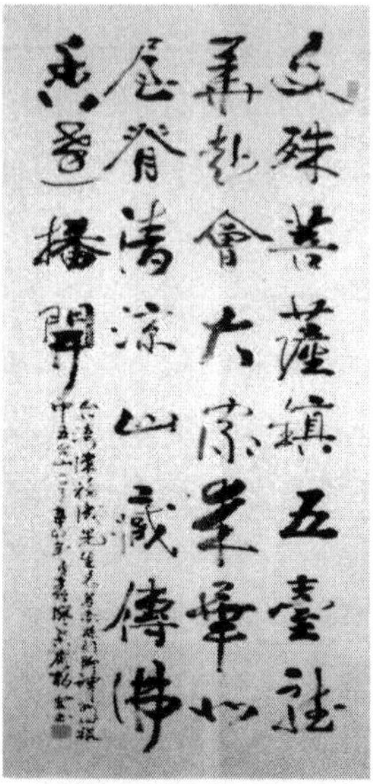

臺灣陳福成名詩(楊雲書)
電話:13096611505

2011.9.15

2011.9.15

著書如飛馬　屈指數君賢
開懷志萬卷　大義天地間

頌臺中本肇居士陳福成先生著作《在鳳梅人小橋上》，觀後受到啓發做拙詩一首，望教授正之

辛卯梅月古魏世平書

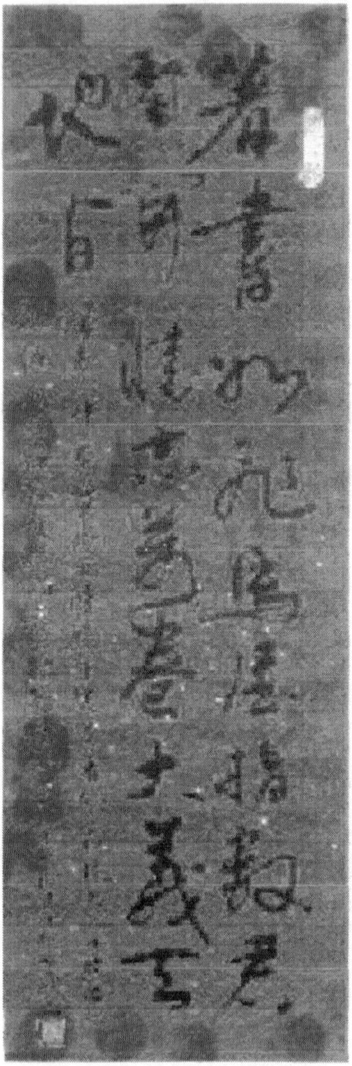

卷七：兩岸原是一家人　詩文芳香播九州

中國頌

楊天太

巍巍中華 泱泱大國 三山五嶽 長江黃河
人口眾多 物產豐富 歷史悠久 文化燦爛
始祖炎黃 開創華夏 仁君堯舜 表率千秋
孔孟二聖 萬代師尊 倫理道德 教化世人
王道仁政 改善民生 民貴官輕 服務百姓
為政以德 幹部先行 儒家文化 旭日東昇
全民憲法 天下為公 建設小康 謀求大同
團結友愛 營造和諧 講信修睦 協和萬邦

辛卯年七月初七
為紀念辛亥革命一百周年暨促進中國和平統一而寫

楊天太

一個草民的心聲

兩岸四地的所有政黨和全體同胞們！爲了紀念辛亥革命一百周年，我願意披肝瀝膽地說出自己心底裏的話。

我希望大家能有四點共識：

一、爲了營造"持久和平，共同繁榮的和諧世界。"應該接受孔子所提出的"以天下爲一家，以中國爲一人"的思想觀念。用現在的話說，那就是："全球一體，天下一家，一視同仁，互不排斥。"

二、爲了統一對"中國往何處去？"的認識，應該接受孔子的大同小康論說。這就是被孫中山先生概括爲"天下爲公，世界大同"的社會理想。并以此作爲中國統一的思想前提和政治基礎。

三、政黨合作，全民協助，共同建立全民的國家，全民的政府，全民的憲法。以便實行全民的政治，全民的民主，全民的福利。

四、通過和平發展，和平合作，和平過渡的和平民主之路。實現政黨合作，和平統一。求得振興中華，復興民族。以便償還孫中山先生"和平奮鬥救中國"的遺願。

我相信：祇要大家能有上述四點共識，中國的和平統一問題，就可以透過政黨合作，依照"正、反、合"的辯證原理，經過合理正確的"揚弃"，來一個"優化組合"，圓滿地獲得解決。

儒學信徒：楊天太
辛卯年三月初二日

楊天太老先生近照

編者按：本文和楊天太照片，引自「鳳梅人」報，總第 71 期，2011 年 7 月 7 日。

新華人

楊天太

我們是新華人！我們是新興的中華人！
我們是中華人！我們是特殊的新華人！
我們是炎黃的子孫，我們有開拓進取的精神！
我們是堯舜的後裔，我們有治國安民的能力！
我們是孔孟的弟子，我們從來是居仁由義！
我們是程朱的學生，我們習慣於論道說理！

——我們是新華人！我們是真正的人：
我們具有理性、仁心，能頂天立地，我們是萬物之靈的文明人！
我們意誠、心正、性善、情和，我們是言美、行佳的標準人！

我們有仁、義、禮、智的優良品質！我們有孝、悌、忠、信的美好道德！
我們有純善至誠的思想修養！我們有敦厚篤敬的行爲準則！
我們是「富貴不能淫，貧賤不能移，威武不能屈」的大丈夫！
我們是「窮不失義，達不離道」，「見危致命，見得思義」的真君子！
我們做人有血氣、骨氣、正氣和志氣！我們辦事有決心、狠心、恒心和信心！
我們一貫信守忠恕之道！我們永遠踐行中和大道！

——我們是新華人！我們是修己安民的人：

我們有守善化惡、祛邪扶正的願望，我們能克己復禮，允執時中！
我們有以民爲本，以民爲貴的觀念，我們能親民如父，愛民如子！
我們信中道，行仁德，辦實事，我們能服務社會，造福人群！
我們思無邪，循禮義，致中和，我們能修身齊家，治國安民！
我們讚美的是人類的良知，社會的公義，我們講禮貌，樹正風，促和諧！
我們關心的是人民的疾苦，百姓的溫飽，我們要知民情，順民意，暖民心！
我們有浩然正氣，激越豪情，我們能見義勇爲，當仁不讓！

我們有善的心胸，愛的美意，我們能明德親民，濟人利物！

——我們是新華人！我們是追求理想的人：

我們要修己、安人、安百姓！我們要自善其身，兼濟天下！

我們要自新自救，新民救世！我們要講信修睦，協和萬邦！

我們追求的是以孔子所論述的大同境遇為藍圖的福利型社會！

我們讚賞的是以儒字型大小孟記民主為基礎的中國式的大民主！

我們要在眼目下能看到的現世裏建造起地上的天堂：豐衣裕食，世昌民福的大同社會！

我們要在腳底下踩踏著的地球上構築起人間的樂園：互助合作，友好親善的和諧世界！

我們接受了「以天下為一家，以中國為一人」的思想，我們懷有「全球一體，天下一家」的願景！

我們認為世界上確有「人類之愛」，我們相信全人類總有一天會同類相親，彼此擁抱！

我們是新興的中華人！我們是人形仁心的新華人！
我們是新興的中華人！我們是修己安民的新華人！
我們是新興的中華人！我們是追求理想的新華人！
我們是新華人！我們是文明標準的新華人！

二〇一一年七月二十五日　辛卯年六月二十五日

編者小註：這是一篇宣言式的散文。

小橋上過來的人

劉有光、楊　雲（芮城）

體育場門口站著一群老人
舉目望著臺灣來的達人
那是《鳳梅》橋上過來的客人
同是炎黃子孫的後人

都是黑髮黃膚的中國人
是兩岸分隔了六十二年的華人
是久別重逢的惦念人
是一輪花甲朝思暮想的親人

你們是參加書畫節的人
我們是來看親人的老人
仔細看觀禮台一個一個的人
白來了，分不清——
誰是我們想見的東岸人

我恨「王八蛋[注]」分裂祖國的人
我愛兩岸統一的中國人
我們這些年歲大了的人
怕什麼，做鬼也不放過
——搞台獨的罪人

注：「王八蛋」一詞是民間罵人的土話。原意是：忘八蛋。——忘了炎黃、忘了堯舜禹，忘了「孝悌忠信禮義廉恥」八個字，被後人傳成了「王八蛋」。

在《鳳梅人》小橋上

張　維（芮城大王鎮古仁村）

五年前一個暑日的下午，許多人都在巷口乘涼，有幾個人正在看報，我也好奇地湊過去偷看：報頭是《鳳梅人》。看了幾行，覺得挺有意思，竟把我吸引住了。於是向別人要了一張，回家仔仔細細地，一篇一篇地、一版一版地、一字不漏地看了個遍，真痛快也真過癮。——看過多少報，總是瀏覽一下大標題，很少看完整篇，《鳳梅人》竟有這麼大的、讓人不看完就說什麼也放不下去的魅力。從此我便與《鳳梅人》結下了不解之緣。更重要的是，總編劉焦智先生在報上特別提示：誠請志同道合的文友前來促膝交談。我於是便慕名前往，到了劉總的微型辦公室，自我介紹之後又進行了推心置腹的交談——果真如此，文品如人品：態度誠懇、謙虛禮讓、語氣和藹、沒有虛假客套、盡道肺腑之言，劉總編的言行令人敬佩。

從此，我便每月騎車往返八十里去總編室取報數十份，在我們古仁村及鄰近的五莊村、大王鎮免費贈閱。──當然所贈的這些人，必須是我所瞭解、或認爲有一定文化水準和閱讀能力的人，並非伸手就給，因爲這不是商品廣告的傳單，是劉總的心血啊！

有一次，我在大王鎮發報，有一個退休的老同志問我：「你給人家送報，給你多少報酬？」

我說：「人家自費辦報、無償贈閱，每月印刷一萬兩千份，耗資五千多元、且郵贈國內海外，宣揚道德文化、構建和諧社會，爲國家貢獻那麼大，卻分文不收。咱們無才，跑幾步路總是能夠做到的小貢獻，還要什麼報酬？──與人家相比，太渺小了。」

二〇一〇年十月二十九日，臺灣大學主任教官陳福成先生、吳信義先生、吳元俊先生一行三人，通過《鳳梅人》小橋進入山西芮城，三十日，在我縣政府二樓華泰廳舉行第二屆海峽兩岸道德文化交流會，縣宣傳部長余妙珍、西建集團董事長劉智強、總經理劉智民等親臨大會，縣電視臺及報社記者現場採訪，會議隆重熱烈，體現了海峽兩岸同胞的深情厚誼。

二〇一一年九月十一日，臺灣《葡萄園》詩刊雜誌主編廖振卿（筆名台客）先生，陳福成先生、吳信義夫婦、吳元俊先生，相面大師江奎章先生一行六人來芮，十七日在《鳳梅人》展覽館舉行第三屆的海峽兩岸道德文化交流會，我也有幸參加。──我曾拜讀過陳福成先生的大作《山西芮城劉焦智鳳梅人報研究》、《在〈鳳梅人〉小橋上》、《古道・秋風・瘦筆》、《大劫難後》等著作，感人至深，字裏行間都充分驗實了陳福成先生是一位真正的愛國者，也是一位傑出的政治家、思想家、文學家和軍事家。任何一位有良知的中國人，尤其是當權者，應以陳先生為榜樣，向他學習：憂國憂民、不忘國恥、居安思危。

九月十七日，只可惜天不助興，陰雨連綿，道路泥濘，為了不錯過著這一千載難逢的機會，我們這些年齡大都在七十多歲的、《鳳梅人》報的忠實讀者，雇了專車，準時到達會場。

我和妻子高五欠、馬淑學、許仰華、樊　智、高彥剛、宋宛平、李俊杰、尚滿生、高玉彬他們一道，興致勃勃地參加了研討會。

會上，大家對焦智先生自費辦報、無償贈閱之舉感歎不已，大加讚揚。──在當今社會，一切都是向「錢」看，圖名圖利。更有以權謀私者，貪得無饜，塞滿腰包，永不知足。在他們眼裏，劉總編不貪不占、捨己為公，簡直是傻瓜、不可思議。是啊，他們不理解劉先生的所作所為，分明是應了古人的一句名言：「燕雀焉知鴻鵠之志」。我堅信：總有一天，劉先生這個義舉，會受到天下人的關注，被公眾認可。

正是《鳳梅人》創建了這麼一個平臺，加速了我們與海外同胞的交往，加深了兩岸的友誼，使同一個志向的諸多仁人志士走到了一起來。人心所向，大勢所趨，《鳳梅人》報是一座小橋，這座小橋將越走越寬廣。我們更堅信：通過同文同種的炎黃子孫的共同努力，這祖國統一大業的完成，將指日可待。

讀「鳳梅人」報台客詩有感

看台客幾首隨筆詩作，頓覺達人的台客詩句絕妙。但本人才疏學淺，不敢妄評，借唐劉禹錫詩句一首略表敬仰之意：

自古逢秋悲寂寥，我言秋日勝春朝；
明春一鶴排雲上，便引詩情到碧霄。

風陵渡老幹部活動室　**武學德**　敬書

不要低估了《鳳梅報》

——參與接待了二〇一一年九月台灣兩批七位客人訪問《鳳梅人》報之後的感想

范宏斌、范世平（芮城）

時下，整個世界局勢動盪，誠如溫總理在去年兩會中所講的那樣：公平正義與腐敗等問題，已經影響到社會穩定、影響到政權穩固了！——不同程度的血腥欺民和殘酷戰爭此起彼伏。我們生活的整個星球上，各個角落的火藥味愈來愈濃，就連我國的形勢也不容樂觀，出現了一些不和諧因素和危險信號，並且在逐年增多。

由於近幾年經濟飛速發展，人們從思想上淡化和輕視了傳統文化、道德教育的作用，而正是由於文化的這種嚴重缺失，社會穩定和政權穩固才成為問題。在這千鈞一髮之際，《鳳梅人》報為傳統文化的弘揚舉起了旗幟：利用微小居室、放眼世界全球，聯絡海內外的炎黃子孫們，積極宣傳和拉回以孔孟之道為中心內容的傳統文化，並且不遺餘力，積極耕耘在艱苦的生活環境中，這種精神影響了身邊的人和海峽彼岸的朋友，並受到了各方廣泛的尊敬和擁護。

在今年九月十七日于鳳梅「倫理道德展覽館」舉行的研討會上，所有參會的朋友一致讚揚《鳳梅人》不折不撓的辦報決心，佩服《鳳梅人》以傳統文化爲基石而高瞻遠矚、而征服世界、而戰勝一切的信心。我們深信：《鳳梅人》這枝光彩奪目的火炬，一定會照亮整個世界。隨著全球尊孔子、學孔子、辦孔子學院的步步深入，這種模式的文化一定能讓那些唯恐天下不亂的、點燃殘酷戰爭煙火的強盜們遭到譴責或自責，讓那些殘酷剝削人民、只顧自己一家或一夥享樂的政治騙子在火炬中化爲灰燼，最終實現大同世界、使百姓幸福安康。

讓我們攜起手來，爲中華民族的復興而共同努力吧！

詩情如山：台客陳福成等六兄姊來侯馬一行有感

馮福祿

相會

千里十年一盼
相握詩心暖
同懷一顆中國心
協力普新高
歡迎六兄侯馬行
只恨相見晚

相聚

圓桌就是月亮
彼此都是星星
粗茶淡飯作引線
人人星光璀璨
月到中秋分外明
星遇知己信晶瑩
十五的月亮十七圓
詩情更纏綿

握別

宰相村裡風光好
雨後更妖嬈
唐宋元明越千年
一村將相雙五九

中外今古奇觀

南望九嶺托一柏
風脈依舊興盛
不見宰相根鬚伸延
在此握別心不甘
宰相算得什麼
且看來年
我們都做詩仙

注：「宰相村」原名裴柏村，位于山西省聞喜縣札元鎮。史稱該村曾出宰相、大將軍各五十九人。

馮福祿
二〇一一年九月十八日

兩岸文友聚搖籃：滿江紅．母親河畔．追求

黨忠義

滿江紅

中條華山，龍騰飛，根祖永存。西侯度，石器火種，始祖遺痕。三皇五帝棲山林，文明濫觴黃河水，神聖地，遊子覓尋歸。

伴臺胞，爬山林，雨濛濛，興致濃。群賢集，緬懷淚濕襟，兩岸本同根。炎黃後裔齊努力，江山一統中華美。瞻未來，江山多妖嬈，國昌運。

母親河畔

花香雨氣新，河幹綠無塵。
黃河浪花騰，寒煙秋色美。

兩岸文友聚，客船共舉杯。
探源念始祖，同胞熱淚滾。
媧皇墓風陵，八卦源頭尊。
追思風後相，撫摸黃城根。
遙望舜帝祠，緬懷禹治水。
本是一家人，懷古倍感親。

注：二〇一一年九月十四日臺灣大學主任教官、華夏春秋雜誌社社長、作家陳福成先生，臺灣葡萄園詩刊主編、臺灣中國詩歌藝術學會常務理事廖振卿先生，臺灣文化界名人江奎章先生、俊歌先生等人到西侯度遺址、黃河古渡口女媧陵前瞻拜，詩人廖振卿先生觸景生情，面對黃河吟出《在一百八十萬年前》、《在風陵古渡口》詩兩首。心情高興附廖兄詩二首，以爲紀念。

追　求

追求很累，
跋涉艱險，

人生總要有所樹建。
目標設定那麼遙遠，
孜孜追求意已決斷，
經途坎坷迷茫，
奮勇堅持向前。

走向陌生，
走向簡單，
付出必定帶來清寒。
若為一生一世夙願，
費力拼搏歷經磨難，
淌過坎坷荊棘，
執著努力不斷。

光陰無限，

人生苦短，
鬢角蒼花轉眼瞬間。
驀然回首醒悟幡然，
生命單純幸福簡單，
這種幸福，
與功利無關。

生不帶來，
死帶不走，
來到塵世轉了一圈。
總是搏擊追求不倦，
要將「財富」留在人間，
撒手人寰時。

兩岸文化交流的搭橋人

——台灣台北的陳福成先生與山西芮城劉焦智先生

謝廷壁

在以孔孟儒學爲基礎而「統一祖國」的大政方針指引下，香港、澳門已經回歸，臺灣與大陸的關係也在積極改善，這種改善包括政治交流、貿易交流、探親交流、旅遊交流、文化交流等諸多方面，其中文化交流是改善兩岸關係的重要一部分。幾年來，《鳳梅人》報總編劉焦智先生與臺灣大學主任教官、《華夏春秋》雜誌主編陳福成先生的不斷溝通，就是兩岸文化的搭橋人。

已進入花甲之年的劉焦智先生，在青少年時期飽經風霜，在困苦中煎熬，當「下海經商」正顯業績時，因對社會上一些人迷戀燈紅酒綠、紙醉金迷的現象看不慣，便自費辦了份宣傳道德教育的報紙——《鳳梅人》。這份報紙原名《天生我才》、《中國民眾》，後改爲《新華人》，最後定名爲《鳳梅人》，儘管幾經更名，其辦報宗旨不變，——那就是繼承和發揚我國優秀的道德文化傳統，人人爭當品行端正、道德高尚的人。該報通過宣傳《孔孟之道》、《四書五經》、《朱子家訓》、《今古名賢》、《名人名事》、《海外花絮》等，譯注與感悟，規範人的道德行爲，推動社會文明進步，他的五金店大門上寫著**「虎豹豺狼我不懼，老弱病殘我不欺」**。櫥窗上寫著**「生意競爭，首先是人品的競爭；生意競爭，其次是才能的競爭；生意競爭，最後是資金的競爭。」**這兩條標語，既是他的「經商之道」，也是他人品的真實寫照與縮影。

《鳳梅人》報從二〇〇〇年辦起，至今已辦到七十多期。該報對開四版，每期一萬兩千份（其中海外繁體版兩千份），每期花費五千多元，總成本已經四十多萬。除了報紙成本價之外，還有電話、網路、郵寄、分發等費用，報紙才能由微型辦公室送到讀者手中，其艱辛與費用，不知劉先生是否有記載？

通過報紙發放，彷如鵲雀搭橋。這多年來，劉焦智先生已同黨和國家及各地領導人、海外僑報、各類友人，建立了深厚的關係。其中與崇拜孔孟道德的臺灣同胞，關係甚密。五年前，臺灣的秦嶽先生和文曉村先生、北京韓鐘昆先生等人，多次讚揚《鳳梅人》報，並在本報發表了許多文章。近幾年，又有一大批海外知名人士，對《鳳梅人》報發生了很大的興趣，多次爲該報增磚添瓦，從而使《鳳梅人》報大大地增加了知名度。

已經進入花甲之年的陳福成先生，祖籍四川成都人，一九五二年出生在臺灣。他的著作很多，已公開發行的有《國家安全與情知機關的吊詭》、《決戰閏八月》、《孫子實戰經驗研究》、《地獄歸來》、《尋找一座山》、《國防通識》、《五十不惑》、《大浩劫後》等七十多本著作，還就大陸與臺灣關係出版了《解開兩岸十大吊詭》、《大陸政策與兩岸關係》等重要篇章。他熱愛《鳳梅人》報，也與劉焦智先生感情篤厚，曾著《山西芮城劉焦智鳳梅人報研究》一書。二〇一〇年十月二十九日，陳福成先生、吳信義先生、吳元俊先生專程來芮城看望劉焦智先生，在這裏受到了當地政府和有關領導的熱情接待。芮城縣委常委、宣傳部長余妙珍，不但親自接見了客人，還主持了「海峽兩岸道德文化交流會」，並爲客人贈送了紀念品，參會的其他人員，也給客人贈送了書畫。之後，劉焦智先生又陪同客人考察了山西的古老文化和名勝古跡。這次文化交流，大大加深了兩岸同胞的感情。回台不久，陳福成先生把他在芮城的所見所聞與感受，寫了《在鳳梅人小橋上》一書，寄到芮城。同仁們見到此書如同見到了彼岸的客人，格外親切與想念。

二〇一一年九月十一日，由臺灣《葡萄園詩刊》主編廖振卿（筆名台客）組團，與陳福成先生、吳信義夫婦、江奎章先生、吳元俊先生一行六人來芮城，給《鳳梅人》捐助人民幣一萬元。劉焦智先生帶客人到本縣各景點和外地進行了參訪。九月十五日，芮城縣委舉辦盛大的「中國．芮城第四屆國際書畫藝術節」，又特邀臺灣客人參加。九月十七日又在劉焦智的《鳳梅人》展覽館舉辦了「第三屆海峽兩岸道德文化交流會」，會上大家踴躍發言，群情激烈，會開得很成功。

頗受人感動的是：由兩人關係發展到兩岸關係，由文化交流發展到人際交流，由搭建文化交流小橋到搭建統一祖國的大橋，其意義是何等的重要和深遠！

這裏引人注目和需要提示的是：劉焦智先生與陳福成先生，雖是平民百姓，但爲統一祖國大業作出了如此大的貢獻，不應引起兩黨、兩地政府的重視和支持嗎？一個靠自費辦報，已到了山窮水盡的地步了；一個是白面書生，靠寫書爲生，已經白髮蒼蒼。這兩位先生的愛國精神，能否感動上帝？能否感動同仁？能否感動兩岸同胞？——說白了，能否得到全社會的資助？

願兩岸文化交流繼續延伸；

願兩岸同胞兄弟感情不斷加深；

願我們偉大祖國蒸蒸日上、奮勇前進！

聖潔的葡萄

管　喻（山西運城）

我最早看到的《葡萄園》詩刊，是著名詩人、該詩刊主編台客先生通過芮城《鳳梅人》報劉焦智先生轉贈我的。之後我訂閱了一份。今年中秋節剛過，台客、陳福成先生一行來運城參加芮城國際書畫節，見面即贈我一本新出版的二〇一一年秋季號《葡萄園》詩刊。看來，我與《葡萄園》真有緣啊……

喫一粒，感受四季寒暑的流轉輪迴
喫一串，領略日光月色的親昵嫵媚
喫一園，體會超然物外的風情韻味
年年月月地喫
就有詩的祥雲瑞靄終生伴隨

這是魔力的葡萄
是聖潔的葡萄園
詩神繆斯常在葡萄架下鬆土
詩仙李詩聖杜也來園中灌溉施肥

根莖鑽進地心了
汲取深層的純清甜水
籐蔓舒展天涯了
集納無限的秋光春暉
五十番春夏秋冬
每一季總是豐產碩果累累

這不俗的葡萄果呀
是智慧釀造的玉液瓊漿

斟滿了心靈的夜光盃
這奇妙的葡萄園呢
本是維納斯家族的府邸
人物草木一概世間最美

哦，天際架彩虹稻麥秀雙穗
葡萄園仙風輕拂白鶴曼飛
分明是那迷人的葡萄
誘惑帝子乘著雲霓飄下翠微……

芮城頌

李孟綱

芮城為古魏，千載著芳名。
七首「魏風」句，章章見深情。
清新流水碧，蘊意入心旌。
碩鼠伐檀意，耄童銘腦縈。
大河東去海，條嶽北邊橫。
沃土百餘里，嘉禾遍地榮。
物華天寶地，文物風景盈。
湖水聖天碧，萬畝艷荷宏。
天上仙鶴舞，冬日更奇勝。
東有檀道廟，諸皇拜祭誠。
讓閒虞芮地，尚禮見純正。

神禹棲息地，引黃百利生。
聖母滋河水，觀音坐蓮蓬。
汽艇河裡蕩，仙客激情傾。
坵擁清涼寺，香濃元殿縈。
魏城留聖迹，塔寺早鐘清。
唐建五龍廟，龍泉流玉瓊。
官觀看永樂，台海祭崇誠。
壁畫三清殿，環球輩譽聲。
城隍元代建，雄壯勢彌崢。
修道純陽子，九峰寄永生。
方山奇秀地，花海峻峰驚。
西有風陵渡，飛架虹橋並。
佳話首陽布，鳳凰女媧管。
悠悠發展史，更有難計榮。
百八萬年日，西侯度火盛。

五十萬年後，石器匼河鏗。
風後佐皇帝，指南成大名。
舜耕歷山土，漫野南風榮。
子夏興書院，聖教甘雨生。
段盧賢幹木，師拜文侯誠。
受教施仁政，古魏現文明。
忠骨張巡熙，呂仙醫道精。
詩家商隱雅，吳雯名著清。
孫文耀月輔，帝廢共和行。
振鋒南京義，紅旗巨臂擎。
東張穎烈女，勇效胡蘭行。
魯迅臨永樂，周公風陵行。
振邦抵日寇，威武見忠貞。
八百兒郎勇，投河垂永生。
驚魂芬古魏，正氣鐵錚錚。

351 芮城頌

開放天時順，春風滿芮城。
騰飛工業躍，亞寶邁新程。
上市馳中外，藥航現巨鯨。
中魯果汁秀，西建建樓精。
城市添新色，花園四處營。
超前體育館，健身起遠程。
交通如網路，鑽洞與時爭。
更把河橋架，中原轉瞬通。
國際書畫節，書鄉全國名。
會館立中樞，交流促繁榮。
旅遊強縣略，致富唱新聲。
蘋果喜獲獎，棗椒遐邇名。
劇團下鄉林，教育更興隆。
林茂山川秀，和諧奏凱聲。
政通百業順，生態豎大旌。
壯哉古魏地，魅力瞧芮城。

關於愛情

孟彩虹（河南鄭州）

月亮可以瘦成一根線
日子可以濃縮為一天
但是如果沒有愛
誰來吹簫談詩？

天地之間的距離
傷心的風
願意停下來測量嗎？

陽光・雨季・彩虹

孟彩虹

收留迷路的花朵
給她以憐愛　是你的本性
回想起
被你捧在掌中的那段日子
你的手溫柔如水
飄逸如雨後的彩虹

我的自負足以詮釋我的不幸
當淚水稀釋那個漫長的雨季
我不明白

為何離開了你
所有的笑聲都相繼離我遠去
花瓣搖搖欲墜
有誰願做那惜花人

我知道我再也回不去了
我的固執足以承擔我的不幸
透過淚水　預測將來的命運
終於明白了
命運也像雨中水
漸漸地　漸漸地
瀅滿雨季的土地和天空

日復一日
年復一年

我極力保持著平靜的姿式
畫地為牢
似乎是件很坦然的事情
歲月從臉上無聲地跨過
我習慣在沒有你時溫柔地懷想你
輕輕地呼喚你的名字
愛憐地撫摸你的筆跡
我知道所有關於你我的故事
都將成為過去　恰如那雨後的一幕

這一夜，風很熱烈
知更鳥忘了鳴囀
雨影交融的湖面
溢出清澈的愛
夢，透明了

無言地漂流
心，如潮水
偈促地漲起漲落
不敢讀你的目光
生怕羞澀的嘴唇
被上弦月下弦月溫柔地
打濕

晉豫黃河情

俊　歌

因緣際會，在好友安排下，於二〇一〇年十月二十八日到十一月四日及二〇一一年九月九日到九月二十日。二次前往山西芮城，與鳳梅人劉焦智先生結緣，順道遊歷黃河南北兩岸，暢遊各地，交了許多朋友。受到盛情接待，留下美好回憶，行旅見聞在諸同行旅伴文中均已詳述，俊歌不才，不再贅述。

敬以至誠，對曾遇過的許多朋友，感謝真情盛意的接待，及饋贈分享許多文集、書畫、墨寶並感受到許多高貴情操，有滿載而歸的充實感，期待再相會。

祝願我的朋友們，在忙碌付出之餘，也能平安、健康、快樂，悠閒享受生活中的許多樂趣，並常與親朋友好友分享。

最近，牙齒大修告成，並參加完成登高、健行及玉山風雨行，雖體力不如十年前，但雲遊四海，浪跡天涯的妄想，又充電不少。期盼好友都能常常相聚首，對著日月山河相問候，分享一切美好。

謹以小詩品獻請雅正：

晉豫黃河情

緣聚
情真意摯
珍惜

話別
意猶未盡
期待

懷念
天涯海角
祝福

黃河
萬古晴空
長流

你我
一朝風月
情深

鳳梨酥引起的一串串……

——回台客的信

劉焦智

台客兄：

您好！

您文中所寫的有關大嫂排隊買鳳梨酥一事，是相當感動人的。——這個富有感情的動人故事，讓我想起了前幾日您們離開我的《鳳梅人》微型辦公室去了賓館之後，我對鳳梨酥的分配情況；又由此而聯想到了自己孩童時期的歷歷往事……

由於去年福成兄所帶的鳳梨酥我曾親口嘗過一個，十分好吃，——所以呢?待您們走後，我僅僅只是用高壓手段強迫小琴吃了幾個——因爲她幫我做這個出力不討好，沒有任何收益的事業，也實在是吃盡了苦頭。——但我卻是一個也不可能吃的：完全公道地給四個孫兒孫女分配均勻，然後去電話讓三個兒女來取。有一個兒女當時因一點小事和我鬧彆扭，去電後幾天不來——尤其是在這種不愉快情況下，我更不會吃去一塊，——哪怕在櫃子裏放一半年腐爛後扔掉，也不可能自己享用！——這是父親傳給我的本性！幸好，過了幾天之後，可能是由於良心的發現，那個兒女還是引著小孩取走了我分給他（她）的那一份，——我的心，才終於靜了下來，也終於吃得下、睡得著了。

鳳梨酥處理圓滿後，我在身心的幸福之中、又陷入了幸福的回憶：孩童時期，每到這個季節裏，父親每天早上給生產隊種麥犁地，常常在幹了一晌活之後回家吃早飯時，我還沒有離開被窩，每每從睡夢中被他叫醒，總能看見他站在炕邊，從口袋裏掏出一大把半紅的棗，嘩的一聲，扔到了我的枕頭旁，並且一眼不眨地看著我一個接一個地吃下去之後，他才在喜悅中吃早飯。飯後，他又把我引到地裏，在一塊插有細樹枝標誌的大柿樹下蹲下來，先拔去了筷子粗細的標誌，然後用手輕輕地刨去了上面那一層浮土，出現了一層綠色的柿樹葉，又輕輕地把那五六片柿樹葉揭掉，裏邊露出了五六個鮮紅的、熟透了的柿子。他一個一個地取出來，又一個一個地剝去了皮，看著我一個一個地把它們吃掉，他的臉上，也露出了燦爛的笑容……——因爲種麥時節柿子和棗還沒有成熟，粗大的果樹上，只是偶爾有幾個早熟，他利用給生產隊幹活的休息時間，爬到樹上摘下來，自己捨不得吃，留給了自己四十歲才得到的這個長子。只是由於棗硬、容易帶回來，才讓我早早地嘗到；而熟柿子太軟，裝在身上很容易擠爛，所以才在柿樹下挖了一個十幾釐米大小的土坑，在坑底鋪上柿樹葉，再把熟柿子放進去，又鋪蓋一層柿樹葉、撒一層浮土，──為防止忘記了地方，所以才折一段柿樹枝插在浮土上當標誌……

至今，我感到最自豪的是：父親用這種真誠和善良的品質陶冶了我，才使我的行為上也多多少少地具備了這種真誠善良、慮事慎密、滴水不漏的情和義，從而自然而然地把這種品質用在了與父母長輩、與妻子兒女、與兄弟朋友的相處中。──也許，我的言行，有時並不被人們所理解，甚至由於西方劣質文化的侵入，有些人，只因為他們自己在社會這個「塵世上」把握不了自己的品質而變態、或者當初根本就沒有投生在正派父母的門下、自然也沒有得到高品位的道德陶冶，因而此之，就絕不可能把同樣深厚的情義還給我，甚至還對我、對我的小報採取敵視態度，──但是我看他們，除了一副可憐可悲的面孔以外，實在沒有別的感覺，更不可能說出一句怨恨他們的話。

你想嘛，每一個人都真誠地愛自己的妻子兒女、孫兒孫女，然後推己及人，「老吾老以及人之老」、「幼吾幼以及人之幼」，把愛心推及到每一個朋友、每一個中國人和各種膚色的每一個他國人身上，這個世界上還能看見戰爭、恐怖和貧困家庭嗎？

愚弟　焦智

附：台客先生的原文

行前購伴手禮費思量

欲前往別人家做客，總要帶點伴手禮，何況是組團前往彼岸交流訪問。除了書（自己的著作）外，還有什麼比較適合呢？行前大家商議的結果，認為帶點臺灣的名產，諸如鳳梨酥、太陽餅、阿里山茶之類的，——除了美味大方外，也可順便為臺灣做點宣傳，應是不錯的選擇。這個採購任務 就由筆者負責，屆時大家再一起攤錢。於是行前我跑了幾家賣場，買了各式各樣不同包裝與價錢的鳳梨酥等返家先品嘗，再決定購買哪家？我的行動引起我太太的注意，她說：「我知道臺北市某地有一家糕餅店，鳳梨酥非常好吃，店裏經常大排長龍。為保證新鮮，你們出發前兩天我再去幫你們購買好了。」我說：「好啊！」結果出發前兩天我太太果然特意搭車前往購買，返回後她大歎：「排了兩個半小時的隊，好不容易才買到……」我問：「怎麼會這麼離譜，要是我早調頭走人了……。」

原來我們出發前適逢中秋節前幾日，原本這家糕餅店平常就大排長龍，逢年過節那就更不用說了。所以我們帶著這十幾盒鳳梨酥搭機前往彼岸贈送朋友，送後我總要附加一句：「千萬要自己品嘗，不要再轉送別人喔！」

除了購買鳳梨酥、太陽餅、阿里山茶等外，我私下也購買了一些較有臺灣味的紀念品諸如筆、郵票、Q版公仔等贈送彼岸接待我們的好友。這些東西禮輕情意重，相信收到的朋友都會很高興吧！

從宋美齡到周美青

劉焦智

前幾天，我曾經去電到弟弟智強的辦公室：「賢妻的作用，在任何一個丈夫的成功裡，絕不低於八成或九成。」誠如台中師範學校教授曾仕強所云：「娶到了惡婦的家庭，九代不得安生。」——當時，他還不一定能認同。而今日，我又有了新的「詩」証和人証。

宋美齡和周美青
這是兩位當今中國女人的姓名
平而又凡　與其他名姓相比
實在是沒有太大的不同

稍動一下心思你就會發現
昔日的美齡和今日的美青
竟然神奇般地手拉手　肩並肩
維護中華民族的平安和一統

七、八十年之前的美齡
踏上海淞滬會戰的硝煙
踩美利堅國會的掌聲
爲了蕩盡自己國土之上的惡熊

七、八十年之後的美青
極其簡樸的第一夫人　還有
爲公益的奉獻和犧牲——這美德
必將力促英九夫連任的成功

歷史的回音和現實的腳步聲
交匯在一起　極其雄辯地証明
沒有私欲　一心爲公的平凡人
卻常常推動著歷史車輪的進程

那些仗權勢而魚肉百姓的惡人
害人的開始緊接著害己的告終
不信嗎　請你回想一下
台灣的吳淑珍和大陸的江青

辛卯年十月十五日寅卯之交于鳳梅微型辦公室

彩虹宴饗：海青青、張愛萍和劉福智

陳福成

九月十日上午，樊洛平教授領著大家參觀完河南博物院，下午到晚上，參加了由孟彩虹精心安排的詩歌晚宴。主菜是詩歌，佐以佳餚美酒。

晚宴地點在彩虹妹妹所主持的一個茶館內，空間雖不大卻很溫馨。參加者除我等六人外，有主人孟彩虹及詩人海青青、劉福智、張愛萍等人。

本文要介紹的是海青青、劉福智和張愛萍三人在這晚所展示的作品，並簡介三人來歷背景，這算是我們「六人行」的第一場有主題的詩歌交流。

海青青，直覺判斷應是一個浪漫的青海人，他說是回族人（事後向台客查證與木斧同是四川回族人）。年紀輕輕的男生，三十多歲。我比較了解的，他也是「葡萄園」詩刊詩人群之一，在最近的「葡」刊一九〇期有「二〇一一年的第一首詩」、第一九一期有「山居日記」等作品（均見該兩期葡刊）。另「秋水詩刊」，也有他的作品。

海青青在這浪漫溫馨的夜晚，分享他所主編的「牡丹園」袖珍報紙型的詩刊（二〇一一年十一月，總第二十七期）。詩刊雖小，陣容堅強，詩質很高，重要的是對詩文學的熱愛執著。這期的「牡丹園」詩人有台客（台灣）、聖野（兒童詩詩人）、李幼容（山東、音樂詩人）、任小霞（台灣、童話、童詩）、方素珍（台灣、童詩）、木斧的書信詩、劉章（河北）、沈學印（黑龍江）；另也介紹了當代美國兒童詩人杰克．普瑞魯斯基和英國兒童詩人安德魯．富塞克的作品。顯然這期的「牡丹園」童詩爲主，算是童詩專輯。

海青青自己的作品卻並未放在自己的園地裡，就以他在「葡萄園」詩刊第一九〇期（二〇一一年夏季號），發表的「二〇一一年的第一首詩」爲代言，向兩岸詩壇的有緣人展示。

二〇一一年的第一首詩

海青青

滿山的鞭炮
早早就把我趕出了夢外邊
兔年第一天
就支棱著耳朵站在了眼前

和往日沒什麼兩樣
練聲譜曲整理詩中雲煙
既沒有去妻的古城
也沒有回母親的菜園

別人和親朋友好友歡聚一堂
我和詩歌一起過年
別人豪食著美味佳餚
我獨品收到的一摞子詩刊

原以為早已麻木了漂泊
心不再是脆弱的弦
沒想到還是控制不住
淚是我今年寫下的第一首詩篇

二〇一一年二月一日（農曆臘月廿九）三日

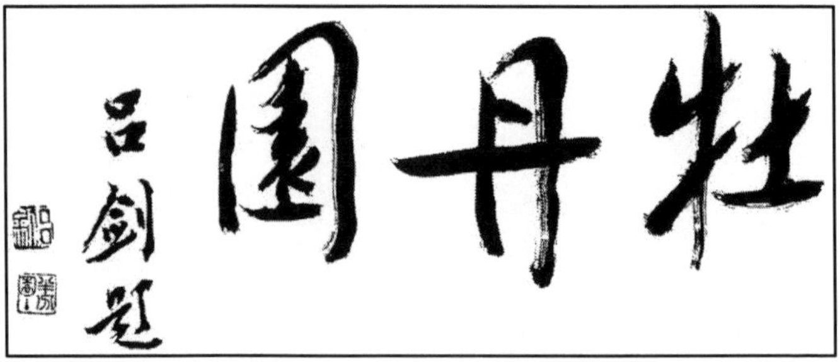

海青青主編「牡丹園」詩刊的刊頭題字

今晚的另一位女詩人，萍子，本名張愛萍，名片上印的是河南省詩歌學會副會長、團省委時代青年雜誌社副總編輯。她文靜的聽大家聊「八卦」，話不多，屬淑女型詩人（直覺），她表示明年（二〇一二）想參加佛光山的夏令佛學營。此外，我對她知道不多，幸好她給我一份「河南教育時報」（二〇一一年四月一日），本報第四版以全版（劉紅雨編輯）介紹這位女詩人張愛萍，本文就以該版報導介紹她。

張愛萍，一九八二年開始詩歌創作並發表作品，出版有《純淨的火焰》、《萍子觀水》等詩集，近作《我的二十四氣節》受到詩歌界廣泛的關注和好評。在教育時報四版「萍子觀水　此時花開：萍子詩歌研討會發言紀要」，爲她寫下佳評的當代河南各大家有李庚香、郭鵬、李佩甫、鄭彥英、王綬青、張宇、馬新朝、邵麗、單占生、高金光、高旭旺、高治軍、吳元成、郊萬鵬、趙向毅、張鮮明、楊炳麟、李霞、楊長春、鍾海濤、馮杰。都是當代著名的詩人、作家、詩評家。

張愛萍（萍子），照片來源，河南教育時報，2011 年 4 月 1 日，第四版。

顯然張愛萍的文學素養、詩藝境界已入上乘（見該報各家評論）。可惜啊！這美麗的夜晚，我與她對面而坐，卻只是霧裡看花，未見實相。就以她發表在「教育時報」，《我的二十四氣節》（組詩選）三首爲代表，向台灣詩壇介紹。

我的二十四節氣

穀　雨

從布穀鳥的舌尖滑落下來
這玉潤珠圓的音符
急切而歡暢
像接生婆婆的手等待著

是穀粒揚起又落下的聲音
是母親篩撿大豆的聲音
是新麥灑向場院的聲音
這化生百穀的雨雍容而至

萍子詩歌研討會，圖片來源：同前。

沉甸甸地懷著身孕
舉起一葉又一葉青萍
打開一朵又一朵牡丹
穀雨，穀雨
穀雨啊！母親的愛一樣天然

噢，讓我擁抱你
為你奉上歡喜的紅蓮

小滿

小滿是我的妹妹
有著青綠頭髮
桃紅面頰
閃亮眼眸的妹妹
小滿是我的妹妹

《萍子觀水》書影

《純淨的火焰》書影

有著苗條腰肢
柔軟雙手
結實小腿的妹妹
夏季風飛快掠過田野
麥穗泛起大地的顏色
小滿，我的妹妹
在鄉間小路上疾走
香了杏兒
甜了仙桃

芒種

太陽的光華
唯有透過你方可凝視
芒，輕輕咬住一粒新麥
默念愛人的芳名

田野湧動
香氣四溢
釀造的季節已經開始

收穫吧——
大地把自己擺上祭壇
感恩的人
躬身將種子播進土裡
面對你光明潔淨的眼神
我熱情的表白與情愛無關
我是大地，是大地上蓬勃的庄稼
是金色或綠色的葉
是粗糙或柔軟的根鬚
這一世輪迴，彷彿
只是為了感受你的好

稱頌你不為人知的壯麗

這晚另一位與葡萄園詩人有淵源的是劉福智先生，他也是鄭州大學教授退休，在「文曉村時代」已和台客有交誼。他朗讀的作品「啊！中國」，有些鄉音我半聽半猜，又未見文本，聽完也忘了。但他另一首詩分送大家欣賞收錄於下。

遙致蘇東坡

劉福智

穿越時間隧道
我聽到了你
一千年前
驚喜時的狂笑
悲痛時的號啕
穿越時間隧道
我看到了你
一千年前

牢獄中的皂衣（註一）
朝堂上的紅袍
你高大似山
有著峨眉的身高（註二）
你寬厚如海
有著瓊海的襟抱（註三）
你擢貶無數
低吟月明星稀
你榮辱不驚
高唱雲散風高
你酷愛大江
你就是一條大江
掀起拍岸驚濤（註四）
在赤壁下咆哮
你鍾愛明月

你就是一輪明月
俯瞰松崗孤墳
在軒窗上閃耀（註五）
看如今
蘇堤上人來人往（註六）
卻能分辨出
你有力的足跡
錢塘畔人山人海
還在喧響著
你高亢的呼嘯
穿越時間隧道
我分明聽到
你仰天長歌轉身去
餘音繞樑雲飄飄
穿越時間隧道

我分明看到
你點染丹青擲筆去（註七）
長袍闊袖
風
蕭
蕭

註一：蘇軾曾因烏台詩案而下獄；
註二：蘇軾是四川眉州人；
註三：蘇軾曾被貶至海南瓊州；
註四：蘇軾名篇《念奴嬌》詞有「驚濤拍岸」句；
註五：蘇軾名篇《江城子》詞悼念亡妻，有「小軒窗，正梳妝」句；
註六：蘇軾官任杭州時曾率眾修築西湖「蘇堤」；
註七：蘇軾還是著名畫家和書法家。

卷八：縱橫解讀劉焦智　天命所賦難掙脫

天地可公量

劉焦智

（一）

騎兔出河東，（註一）
乘龍過汾陽，（註二）
躍馬進閻府，（註三）
五臺見銀羊。（註四）

先拜五爺廟，（註五）
白塔在頭上，（註六）
再登大螺頂，（註七）
俯視西南方：

（二）

平行四邊形，（註八）
古今常輝煌，
地靈人更傑，
民富省更強。

關聖擲令箭：（註九）
「先祖豈可忘」？
臨汾問堯帝：（註十）
「劉村在何方」？（註十一）

呂仙河邊站，（註十二）
之渙登樓望，（註十三）
槐下蘇三淚，（註十四）
鶯鶯醉《西廂》。（註十五）

朱題「王家院」，（註十六）
喬府在身旁，（註十七）
并州古城新，（註十八）
晉祠謝王娘。（註十九）

鐵路貫南北，
高速達八方，
大廈千萬幢，
四周魚米倉。

悠悠汾河水，（註二十）
淌過煤山旁，（註二一）
林立煙囪下，
飄著汾酒香。（註二二）

晉祠銀稻仁，（註二三）
自古作皇糧；
襄垣小米粒，（註二四）
顆顆用金鑲。

萬頃蘋果園，
芮城得金獎，（註二五）
稷山大紅棗，（註二六）
飄海又過洋。

（三）

扭身朝北望，
一眼到雲岡，（註二七）
右窺關中關，（註二八）
左眺長城長。（註二九）

平型關猶在，（註三十）
不見東山狼，
留下罪惡骨，
鷹犬無饑荒。

瞥見金沙灘，（註三一）
想起楊家將，
峰火臺傲立，（註三二）
只供遊人賞。

桂英卸戰袍，（註三三）
木蘭還女妝。（註三四）
各族團結緊，
誰人敢張狂？

（四）

先祖多英勇，
我輩何篇章？
同胞多建樹，
我卻路茫茫：

仰頭摘明月，
從來皆失望；
低頭謀魚蝦，
膝涼變淒涼。

半生奔波淚，
點點斷孤腸；
愧對身上衣，
難咽口中糧。

多少難眠夜，
慮得字幾行；
多少寅卯晨，
寫得報一張。

既為中國人，
應為民眾想，
《鳳梅人》小報，
呱呱到世上。

香花或毒草，
萬民任品嘗；
曲直與長短，
天地可公量。

甲申年六月初七戌時初稿
於五臺山五爺廟賓館
六月初九午時定稿
於鳳梅五金店微型辦公室

註一：兔，指卯時。
註二：龍，指辰時。
註三：馬，指午時。閻錫山家府，在山西忻州七十公里的定襄縣。
註四：羊，指未時。
註五：五爺廟，是五臺山有名的廟。
註六：白塔，是五臺山有名的塔。
註七：大螺頂，是五臺山最具盛名的廟，有道是：不到大螺頂，不算朝臺人。
註八：山西地形爲平行四邊形。
註九：武聖關公出生於我們家鄉——運城市，有一千八百年的家廟。
註十：氣勢宏大的堯廟在山西臨汾市。

註十一：臨汾下轄的帽兒劉村，有我八百年前的祖先。
註十二：道教始祖呂洞賓出生成長在我們家鄉黃河北岸的我縣永樂村，元代建有祠廟「永樂宮」。
註十三：與我縣毗鄰的永濟市有唐代詩人王之渙「欲窮千裏目，更上一層樓」一詩的出處：鸛雀樓。
註十四：「問我祖先來何處，山西洪洞大槐樹」，那槐樹在我省中部的洪洞縣；古戲劇《玉堂春》中蘇三監獄也在該縣，並保存完好。
註十五：古戲劇《西廂記》發生在山西南部——與我縣毗鄰的永濟市，有鶯鶯塔為證。
註十六：「王家院」幾個字為前總理朱鎔基題寫。
註十七：「喬家大院」與王家院相距不遠，在太原南邊的祁縣。
註十八：太原史稱「并州」。
註十九：太原市有王母娘娘廟，稱為「晉祠」。
註二十：汾河貫穿山西南北。
註二一：山西煤炭在全國首屈一指。
註二二：享譽世界的汾酒產於山西汾陽縣杏花村。
註二三：氣候較寒冷的太原晉祠的大米負有「貢品」的美譽，憑晉祠流出的「聖水」澆灌而成。

註二四：山西晉東南襄垣等地的小米，由於氣候寒冷、生長期長，味道好、營養高。
註二五：我們家鄉——山西芮城的蘋果因其色澤好、味道甜而得了金獎。
註二六：運城市稷山縣的大紅棗享譽海內外。
註二七：著名的雲岡石窟在山西大同市。
註二八：山西北部一帶的古戰場多關：平型關、偏關等。
註二九：萬里長城橫跨山西北部直到三海關。
註三十：指中國軍隊與日本侵略軍血戰平型關。
註三一：宋朝楊繼業父子與遼軍血戰的金沙灘在山西北部。
註三二：由於古戰場之故，大同一帶烽火臺很多，而且保存完好。
註三三：穆桂英遼金激戰也發生在山西北部。
註三四：相傳：花木蘭替父出征，也曾在山西征戰。

我做了一個拜見胡錦濤的夢

劉焦智

到人世六十年來，我做過無數個美夢。而真正感到美不勝收的，還是我辦起了《鳳梅人》小報、從事儒學弘揚、靜心攻學道德文化十年之後的前幾天晚上所做的那個拜見胡錦濤，聽到了他諄諄教誨的的美夢。

之所以美，是因爲他對國內國際、古今中外、民間官方的許多思維和即將啓動的那些辦法，和我們祖先的道德文化，達到了嚴絲合縫的統一。我的心，彷彿是一棵雖則發了芽，卻久久不見陽光雨露的種子，夢見他之後才突然得到春風細雨的滋潤一樣：

1. 他說：**我作為國家最高領導人，這十三億人中的每一個人，都是我下轄的公民**。古時候的皇帝之所以把人民稱作自己的「子民」，乃是因爲：每一個國民，不論他是勞動模範，還是懶漢二流子，也不論他是犯了法的罪人，還是表現積極的平民百姓，都應該像自己的兒子一樣，得到皇帝的關懷和愛護。在《三國演義》中，諸葛亮處斬犯了軍法的馬謖時，之所以「揮淚」，就是這個道理。因此，不論美國總統奧巴馬，還是法國總統薩科齊，他們接見或者招待達賴喇嘛，我都是感激不盡的，都要打電話向他們致謝，並願意承擔他們招待這個中國公民時所支付的一切費用。道理很簡單：我們中國西藏省的這個中國公民，七八十歲的老人，在海外流落漂泊幾十年了，有家不能歸，我作爲他的父母官，怎麼能不日夜思念？怎麼能不傷心落淚呢？至於其所犯律條，那是法律範圍以內的事，非個人情義所能取代，只能在自己權力允許的範圍之內予以合法的，最大限度的特赦。

所謂「當做子民」，所謂「關懷愛護」，就是說，思想先進的，工作積極的，是子民，要關懷愛護；有了錯誤的，犯了國法的，應該處斬的，也同樣是自己的子民，對其幫助和教育。判十年二十年監禁或者刑場處決，也是要關懷愛護。在這種情況下，犯人的父母、妻子和兒女，無疑是陷入經濟困難之中，因此，黨和政府也要把他們當做自己的親人一樣地關愛和幫助；在這種情況下，犯人出監後如果還繼續作案，繼續與政府爲敵，鬼才相信！

2.他說：**在美國，總統任期屆滿後，白宮舉行一個隆重的歡送儀式，乘飛機在首都上空盤旋三周，然後送回家鄉，終身享受總統待遇**。而在我們中國，不論是卸了任的國家領導人，還是省、市、縣等各級領導，在這些方面，並無明確的規定：有的人今天卸了任，明天連車也坐不上了，甚至騎自行車辦事……這種狀況，才導致了不少官員在任期間撈取一些非法收入。由於人數眾多，給反腐和執法帶來了難度。所以說，這些年來，那八千八百多個（截止二〇〇八年）攜鉅款逃到國外的所謂腐敗官員，其罪過，並不完全在他們自己。正因爲這樣，我準備向他們發出呼籲：回來吧，中華兒女，回到母親懷抱，要比在人家屋簷下受悽惶好得多，過去的事情既往不咎。我將用制度與法律的逐漸完善，來消除此類現象的發生。完善之後的叛國者，才真正可以稱之爲人民的罪人了。到那時，嚴格執法，就只能打擊極個別的幾個人了。

3. 他說：**在一九八九年學潮中逃到國外的那些人，已經離開母親懷抱二十二年了。**雖然他們試圖廢除中華文化，照搬歐美模式的觀點是極端錯誤的。但話又說回來：如果他們像有些腐敗官員一樣，時時處處想著個人的利害得失，對國家前途命運漠不關心，則斷然不會走到這一步。爲祖國的前途和命運而操心、爲人民生死安危而擔憂，除了證明他們熱愛祖國，甚至屬於國家的棟樑材以外，還能證明別的什麼呢？至於政見不同，可以坐下來商量。因此，我還要呼籲他們：回來吧，國家的建設和人民的福祉，需要咱們共同來努力。

4.他說：**臺灣這幾十年來，購買美國的武器夠多也夠好**。過去，由於歷史原因，兩岸都時時做著應戰的準備，因而添加武器，似乎是需要的。但是，兩岸目前已經和好，傷痕逐漸消除，完全沒有重起戰爭的可能，因此，不論臺灣購買到了殺傷力有多麼大的武器，都絕不可能用之於大陸。所以我認爲：把福建沿岸的部隊和導彈調至中印、中俄、中韓中越及中朝（防日寇）邊界，把東南防務的事情委託給臺灣國民黨人，是有百益而無一害的好事；我還認爲，在國共內戰結束了六十多年之後的今天，他們是絕不可能武裝進攻大陸的。所以，我感謝美國眾多積極主張向臺灣出售武器的官員和人民，感謝奧巴馬：你們的武器給十三億中國人民的安全提供了幫助，太感謝你們了！在這種情況下，有些國家和有些人把「對台售武」當作籌碼來要脅我們的作法就沒有什麼份量了。可能：從此之後，臺灣購買美國武器也就徹底劃上了句號，而且是在大陸沒有反對的情況下自行停止的。

5.他說：**我準備在原南京中華民國總統府附近，建造一座大小相當於毛澤東紀念堂的建築物，迎接兩蔣骨灰回大陸，並把辛亥革命前後、北伐戰爭期間、抗日戰爭中以及兩黨內戰中陣亡的國民黨將士完全供奉起來**；把毛澤東的遺體，按每一個國家領導人逝世後所應該遵循的法律和制度予以火化，把該建築物改成一九二一年以來參加革命的、所有陣亡的共產黨人的紀念堂。在上世紀上半葉，那些早期參軍入黨的革命者，不論其參加哪一個黨，只要沒有當漢奸、沒有賣國，都是爲了中華民族的復興、爲了百姓大眾的疾苦而捨生忘死的，都是有血性、有骨氣的中華兒女。因此，這兩個紀念堂的落成，毫無疑問，就使英雄的靈魂得到了安息；從而，把國共兩黨的紛爭公道合理地、千萬年之後也沒有人能夠改變地、徹底地畫上了句號。這祖國統一的大業，也就順其自然地邁開了堅實的一大步。

6.他說：**兩岸的統一，首先是文化的統一**。這文化，就是仁者愛人、先人後己的儒釋道文化。因此，我要倡議：從大陸、臺灣、香港、澳門及海外華僑的專家學者中選出代表，組成大型的考察團，腳踏實地地到世界各民主國家考察學習，以我們祖先的孔孟儒家文化爲基礎、吸取其他文化的優點，把各國制度法律中的優點精選出來，制定出完整的、適合中國國情的制度和法律。誠如臺灣嘉義大學教授趙少平先生所云：一時的勝利靠軍事，一代的富強靠經濟，永續的存在則靠文化。因此，這種文化的統一，也就真正實現了祖國的統一，而且爲世界大同創出了模式。

7.他說：**我準備把八榮八恥改為九榮九恥，而且所加的那一條「孝敬父母為榮，不孝敬者為恥」，還要放在第一條**。因爲我明白：那些不孝敬父母的所謂「愛黨愛國」者、以及成天在上級領導面前畢恭畢敬的點頭哈腰者，沒有一個不是僞裝的。人民習慣于以官員爲楷模：而正是諸多政府官員這種假言和假行，充當了當今社會上一切假貨盛行的前導。

8.他說：**要立即叫停賣彩票的不良作法**。據《參考消息》載文中報導：中國有六十萬個家庭因買彩票而解體，政府每年從中收益千億。縱然有萬億、萬萬億的經濟收入，也抵不過眾多家庭解體、百姓受悽惶給我心裏帶來的悲傷。被百姓痛罵的滿清政府，在慈禧太后實掌大權期間，有人建議用賣彩票增加國庫收入，她諮詢北洋大臣袁世凱後，也認爲是變相賭博，不予採納。（袁世凱對慈禧太后說：「彩票等於賭博，導民以賭而坐其利，從來沒有這樣的政體，就算日收千萬，尚且不可。如今國家舉行新政，中外觀瞻殷切，似不必貪此區區，免得留下一個話柄。可否請旨停辦，以示恤民？」摘自《慈禧全傳》之六《瀛台落日》第27頁）

不想刻苦學習業務知識、迷戀不勞而食的寄生蟲生活，或者總想靠碰運氣、靠天上掉餡餅來坐享其成的惡習，應該爲任何一個政府所反對，並且下大力氣提倡刻苦學習、苦幹實幹、勤勞致富，方可收到社會穩定、政權穩固的結果。而袁世凱所說的「導民以賭而坐其利，從來沒有這樣的政體」，意思分明是說：如果發行彩票，等於政府引導百姓思想變壞、不勞而食，自己主動去做那些不利於政權穩固、飲鴆止渴的蠢事。

9.他說：**我要強化進京來訪的有關機構**。必要時，可以安排大學高才生和部隊幹部的轉業人員，使每一個進京上訪者都得到熱情的接待，讓每一個含冤者都得到公平合理的申訴。這不僅是親民愛民的應該，而且是穩固政權的必須：這每一個上訪者的作法之對於國家安穩的好處，和扁鵲對蔡桓公生命的維繫，有著同等重要的意義。如果我們政府像蔡桓公一樣，捂著耳朵、聽不進上訪者的逆耳忠言，就有不良後果了。（據網路披露：湖北省政府四個門衛保安人員在暴打一位中年婦女之後這樣解釋：打錯了，以爲她是「上訪者」！可以試想一下：將來兩千三百萬被「統一」了的臺灣同胞，哪一個人能夠保證：自己或自己的子孫後代終身不當「上訪者」？因此，以目前這種狀況去與馬英九談統一，豈不太難爲他了？如果我們大陸老百姓的生活狀況、民主人權狀況都大大好過了臺灣，馬英九如果還「堅持」「三不」，以臺灣的民主狀況，能由得了他一個人嗎？）

10.他說：**我要把罰汽車超載問題徹底取消**。因爲我明白，路面路基損壞與汽車超載沒有太大的關係，其主要原因是腐敗帶來的惡果：國家下撥的修路款，在有些角落，腐敗相當嚴重：從國務院到地方，任何一級官員都不放過、雁過拔毛、中飽私囊，尤其是縣委書記這一級。有人說，國家給的錢，在有些地方，一半進入了政府官員和承包商的私囊，路上實際顯現的甚至不到半數，這樣的路，能經久耐用嗎？而正是由於罰超載，汽車運輸量成倍地下降，最終導致了不少電廠因缺乏煤炭而不得不停產。停電之後，又導致諸多大廠因訂單任務緊迫而購買柴油發電機，而大量貯存柴油。這種發電模式與柴油貯存，既造成了嚴重的環境污染，又帶來了柴油緊張、汽車缺油、百姓怨聲載道的局面，形成惡性循環。

11.他說：**吏治不清、官場腐敗，也是不能忽視的**。據《參考消息》披露，廣州亞運會期間，在廣州「買菜刀實行實名制」，意思是：防止壞人買菜刀而行兇殺人，破壞穩定。這件事，被外媒所恥笑：如此說來，買火柴、買鎬把鍬把、買汽油等等，都要實行實名制。因爲這些東西，也能打死打傷人……這種笑料，已經清清楚楚地證明了：有些政府官員的執政能力，已經低落到何等地步！而且還是省市一級的地方大員！

12.他說：**對於世界各地一切殘酷欺壓百姓的政權，一定要理直氣壯地予以反對**；對於忍無可忍而奮起反抗的人民，也要依據具體情況予以支援。比如說，原伊拉克的薩達姆、利比亞的卡紮菲、敘利亞的巴沙爾，尤其是掛著社會主義、民主自由的招牌、卻比世襲帝制更反動、更惡劣的北朝鮮政權。封建社會的皇帝視百姓爲子民，所以，也不可能花鉅資去造核武器，讓自己的子民餓肚子、受悽惶。「中國人民站起來啦！」，這句話聽起來倒很響亮，但身爲聯合國常任理事國，卻畏首畏足，不敢主持公平正義，就不像站起來的樣子了。比方說，在伊拉克公然派兵入侵科威特、已經把一個主權國家變成了自己一個省面對這種赤裸裸的侵略行爲，也不敢反對，也投棄權票，試問：這種骨氣不足的中國人，也算是站起來了嗎？

13. 他說：**我還準備與奧巴馬等西方各國的領導人商議，大家出錢，共同努力，在世界各地建立千千萬萬個孔子學院**，從三五歲的兒童開始灌輸仁者愛人、先人後己、樂於助人的儒釋道文化。如果全世界都普及了這種教育，並在道德教育的同時，加進科學知識的灌輸，培養人才成長，使諸多窮國逐漸富裕起來。可以斷言：當我們這樣做了五十年一百年之後，這個星球上，將不再有戰爭、恐怖和貧困。美英法對伊拉克動武，毫無疑問，是懲罰了邪惡；美韓在亞洲的聯合軍演，毫無疑問，是震懾了邪惡；西方各國和北約對利比亞動武，毫無疑問，正在殲滅著邪惡……但是後果呢？卻帶來了接連不斷的恐怖。唯只有信奉儒釋道文化，從兒童開始就進行仁者愛人的思想灌輸、道德陶冶，富國幫助窮國致富，才能解決根本問題。

14. 他說：**眼下的當務之急，是要解決中國六十歲以上的農民退休金問題**。道理很簡單：他們——尤其是目前八、九十歲的老年人，從一九四九年我們共產黨執政開始，就爲共和國納稅繳糧了，但是如今，拖著鼻涕、流著涎水、可憐巴巴地坐在巷道裏，沒有一分一毛的退休金。而一九四九年以後才出生、目前年齡達到六十歲的所謂「國家人」，每月卻可以領取一兩千、甚至三四千元！在這種公平正義極其欠缺的狀況下謀求社會穩定、謀求政權穩固，不是天方夜譚嗎？目前剛剛開始施行的新辦法：六十歲以上的農民每人每月可以領取五十五元，是正確的。但距「公平正義」還差得很遠。應該當機立斷：立即按當地三級或四級工人領取的標準，依據戶口本月月不空地發給他們。並且在節假日等享受方面與「國家人」平等。我想，老年人有了退休金，不再控告兒女的不孝；甚至由於生活節儉，還可以幫兒女辦一些家庭建設、子女結婚方面的大事，這父子關係，不就和諧了許多嗎？父母爺奶用節儉的錢，幫助剛剛從學校畢業、尚未就業的孫兒孫女，使之不至於因爲無業而在社會上遊蕩、最終步入犯罪，這「老年人的退休金」對於社會穩定，不也就起到好作用了嗎？

15. 他說：**這些年，由於咱們祖先道德文化被忽視**，人們缺乏「自律」；又由於官方執法不嚴、或當權者知法犯法「他律」不了；致使不少不懂家電、不懂汽車、不懂醫藥的影星、歌星、相聲小品演員在金錢的誘惑下，給大廠代言做廣告欺騙百姓而發了大批的無義之財，這種不靠真才實學而可以得到大把錢財的反常現象，導致不少大中專學生把這類人當成了偶像崇拜者，從而極大極大地敗壞了社會風氣，使邪氣上升，正氣下降，既影響了社會穩定，更影響了政權穩固。據中央電視臺報導：北京幾個大學給學生出題：《誰是你最崇拜的人？》，竟然有百分之四十多的學生崇拜的是這些人！而只有百分之零點幾的學生回答是崇拜父母。在這種情況下，幾千年來因善於創新而聞名世界的中國人，竟然有不少人靠模仿別國的專利產品而賺錢、而被歐美多國所輕視！因此我們要制定法律：以後哪個消費者所用的產品出了品質問題，首先由代言人和做廣告的那個媒體機構予以賠償，甚至加倍！情節嚴重的，追究刑事責任！因爲消費者是因爲聽信了他的代言、對該媒體信得過才去購買的。如果我們的道德文化大師、科學家、教授等高級知識份子的工資待遇幾倍地大過了不懂業務專長的公務員，如果新聞媒體上每天不間斷地出現這些人的圖像和事蹟，致使絕大多數的大中專學生及各行業的技術人員把這些人當成了自己心目中的偶像崇拜者，從而勢必導致發明創造蔚然成了風，試問，到那時，還會有人再去模仿俄羅斯等歐美國家的專利產品嗎？可以說，到那時，他們西方人研發的成果，扔到中國的任何一個地方，也沒有人稀罕、也沒有人去拾了！

最後他又說：西方人說我們沒有民主、沒有人權，如果像他們那樣，關乎到國計民生、關乎到政策法律的大小問題，都要議會國會去討論、去投票，太浪費時間。我在上述幾條中所要採取的措施，是只需要「一句話」、一分鐘就能辦到的事，西方人卻需要幾天、甚至幾個月。但在此之前，我們這種權力過於集中的制度，僅僅只暴露出了弊病：有些地方的腐敗官員借權力「集中」而壓制民主、謀取私利。如今，就是要把我們權力高度集中的優點彰顯出來：親民愛民、對百姓仁德的領導，可以高效地領導國家、造福人民。

我清楚地記得，這個夢是這樣結尾的：我送胡錦濤主席上路的地方，是從我縣學張鄉溝南村村東頭往南走了一百多米以後，順著一個高墊上長著幾棵大柿樹的濃蔭下往東，是一條可以行駛拖拉機、左邊是深溝、右邊是田野的鄉間路，我邊走邊對他說：您回北京時，最好過三門峽、洛陽、從鄭州北上、經山東濟南到家，中原及山東河北的路，較之我們山西的山路，無疑要好些，自然也就安全得多了。

我還清楚地記得：望著他的背影，我聽到了由遠而近的、「萬歲」「萬萬歲」的高呼聲，這聲音，自一九七六年九月九號毛澤東逝世以後，直到如今這三十五年的時間裏，就再也沒有聽到過。

我更不會忘記：這「萬歲」「萬萬歲」的呼聲，還來自南洋、歐美、以及這個星球上的每一個角落……似乎，還有人這樣議論：終於看到了「大同世界」的第一任大師或世界領導人。

辛卯年九月十五日，寅時和卯時
于鳳梅微型辦公室

扶正祛邪誓言

劉焦智

打造全球第一誠懇人品牌，志在報效生養我的祖國和人民，志在促使孔孟儒學占領七十億人的頭腦，進而鏟除物欲橫流，在這個星球上見不到戰爭、恐怖和貧困，我本應耗盡最後一滴血。

這語言，來自肺腑

早已相識和未曾相識的老師和朋友：

無論您們從我回憶父親的《風雨滄桑》一書中，還是從我店員工內部讀物的小報上，發現文中有一點或幾點，文章中有一篇或幾篇，對提高公民道德，淨化周圍環境有些用處，署任何單位、任何個人的名字，是無所謂的。因爲：原本想要達到的目的已經如願，並且還擴大了地域，我自然是萬分地欣慰和滿足。名與利，對我來說，連糞土也不如。

我身上有目共睹的這幾根錚錚鐵骨，是炎黃、高祖等千百代先祖代代傳承而來；我身上這含脂肪不多的一些血肉，是父母、以及億萬民眾汗水的凝聚；我僅有的這一點知識，是孔聖、李杜以及無數恩師辛勤澆灌的結晶。生，沒有帶來點滴；死，也不會帶走些微。真可謂：從天地間來，再歸還給天地，公道又合理。

用張三的紅白，添上李四的藍綠，再加進王麻的黑黃，調配之後，這獨特的顏色，是您的「發現」，而不是「發明」。綜合前人的知識，變成自己的「專利」，怎麼能叫人心悅誠服呢?況且，求「專利」過苛，爭來大批錢財，讓兒女坐享其成，貽誤終生。後果只能是：一輩爲富不仁，九輩無術受貧。

己酉年正月初三寅時

使命

蠟燭，
來到這個世間，
就是為了——
燃燒自己，

放出光焰。

即使——
只剩下了豆大一點，
還在放光，
還要再燃。

只有——
到了那一天：
蠟，也盡了，
光，不見了。
您可以——
仰起頭來，
看得見——
那一縷直升的青煙，

飄往遙遠、遙遠……

甲申年閏二月十六日戌時於微型辦公室（當日午時與臨時司機曹建強同拜武聖關公家廟，當晚來此靈感）

我欠了誰的人情

秋　果

編者按：引自「鳳梅人」第72期，二〇一一年八月八日。原詩是「從一個接一個的破滅中活過來」一文之部份，轉用詩題「我欠了誰的人情」，是編者擬訂。

「欠人情」這三個祖先創造的方塊字，
——像一條紅線
貫穿在我的文中
我欠父母的人情　有責任和義務
去關照每一個子侄和弟兄
——讓他們生活在祖先的懷抱
而不是無情無義　鬥爭哲學的邪教中。
我欠兩個岳父　兩個岳母的人情

他們的女兒　曾經與我同生同死共雨風。
——我欠舅舅　姐夫　同學的人情
他們以各種方式的幫助
挽救了苦難中的劉家四弟兄。
我欠表兄鐵蛋　令花菜農的人情
他們關懷在我如饑似渴的需要中。
我欠大姨　智強乾媽的人情
每年的五毛錢　那時對我特有用。
我欠老縣長王光華的人情
他的大德　那把大傘
多次使我起死又回生。
我欠弟弟智強的人情　他承擔了
養母葬父時我應該支付的費用。
我欠……

我欠國父孫中山的人情
他用自己身上的血肉　一點一滴地
消耗掉了禍國殃民的腐敗滿清。
我欠委員長蔣公的人情
他統一了中國　趕走了倭寇
使中國人民獲得了重生。
——如果我討好權勢　歪曲歷史
信口雌黃　謾罵一個有恩於自己的人
必將得到車禍癌症、斷子絕孫的報應。
我欠彭總　林彪的人情
他們在消滅日寇時立下了戰功。
我欠鄧君小平的人情　正是他
給饑餓的中國人帶來了光明。
我欠秦嶽老師　韓鐘昆先生的人情
實話說吧——

六年前《鳳梅人》的血液和膽識
主要來自這二老居住的兩岸
——西岸的北京和東岸的臺中。
我欠陳福成先生的人情
他的傑作——
《劉焦智〈鳳梅人〉報研究》一書
在臺北的出版和發行
使我和小報從瀕臨死亡走上了新生。
我欠小琴和天使熊貓的人情
——爲了這張小報　他們倆
打算貢獻出　本來屬於自己的畢生。
我欠……
我欠了這麼多人的人情　絕不能
把「債務」帶到墳墓中
——如果我送去禮品　致謝府中

或者不斷到故去的恩人墳上去拜祭
——無疑　再有一萬個我也不夠用。
我沒有理由與人一樣去歌舞廳消費
我沒有理由把麻將學懂
我沒有理由在長壽上着力
我沒有理由在酒店裡縱情。
因爲——
要償還這麼多的人情債
我最應該做的
是遵循孔老夫子的教誨
給長眠於地下的先祖以安寧。
讓祖先文化回復到國人的心裡
拿出孔門弟子應有的真誠
從而　讓仁者愛人的儒學理念
變成每個人自覺行動

讓公平正義占領全球每一個角落
讓我們生活的人世間，
看不到貧困　恐怖和戰爭。
偉大的信仰　無限的前程
遠遠地大過了自己有限的生命
我明白　到了那一天
——當我告別人世
見到了父母　偉人聖賢　列祖列宗
雖則雙膝跪下　但卻心直氣正：
我把您們給我的一切　完完全全地
奉還給了天下人　如今
我想要得到的　僅僅只有四個字
是他人獲得幸福之後的　快樂
是天地得到和諧之後的　安靜

辛卯年七月初三、初四丑時和寅時於鳳梅微型辦公室

終生不能原諒自己的懺悔

——讀《在鳳梅人小橋上》書稿後聯想到的一些事

秋　果

在不久後將要與我縣文友見面的，長達380頁的《在鳳梅人小橋上》一書第一章，陳福成先生寫了他們三人離開山西芮城，在鄭州紅珊瑚酒店受騙的事，並在結尾部分寫道：「還真給焦智兄說中了，他的話『神準』，到底焦智兄說中了什麼？至今我未向焦智兄提起此事。如果焦智兄有一天看到本文，一定笑翻天：告訴他們還上當……」，文中的所謂「告訴他們」，說的是：在他們三人去年十一月四日離開芮城、於當天下午到達鄭州後，我曾給他們打去了提醒的電話：「那一帶壞人多，需多加提防……」

其實，我閱讀到這裡時並沒有笑。因爲我歷來有這麼一個習慣：離家後每到一地，或貴或賤地買一些當地的商品，或者到當地的廟堂裡破費幾個銅子，或者給在該地的乞丐施捨幾個錢，當我這樣做了之後，在該地所辦的事則一定是順利的。而福成兄他們被騙了百二八十元紙幣，從數量上看，實在不算一回事；而所消去的災、帶來的福澤呢？

則一定不能小。因爲即使是騙子，也是炎黃子孫的一員，當他得到了福成兄他們的兩百八十元之後，或許就不至於破壞當地的治安和百姓的正常生活了。

而真正令我感到心酸，這幾天夜半醒來常常揪心，甚至使眼淚一次次湧到眼眶，卻根本無法挽救的，是這麼一件事：福成兄與信義兄從鄭州乘高鐵到西安的十一月五日晚上，在偌大一個城市的中心——南北大街、東西大街迷了路，只知找自己中午登記，並且放有行李的「南方酒店」，七問八問之後才發現：同樣名稱的「南方酒店」竟有三、四家！結果找了好長時間才找到。

設身處地的仔細想一下吧：如果咱們自己遠離家鄉和親人，身在異鄉異地，舉目無親，在奔波勞累了一天，眼看天色已晚，急需找到下榻的賓館卻一直找不到，那是一種什麼滋味啊！

我繼續深思：如果福成兄他們當時接受了我的安排：三人乘吾弟智強派的那輛車到鄭州，讓其中的吳元俊先生上了飛機之後，又驅車到西安，行李在不離小車的情況下遊覽了兵馬俑和秦陵，天黑之後乘著咱的車、在我們這些當地人的帶領下登記住宿，怎麼能釀成那些淒慘呢？

究其原因：按西洋文化的道理，是福成兄他們在芮城住了五、六天，自以爲「打擾」

我們過多而過意不去、執意要擺脫我們弟兄的盛情……因而，責任似乎在他們自己，與我們弟兄無關。

而我終生信奉、並願意為其奉獻畢生的，是我們祖先「仁智禮義信」的傳統文化，並不是「一旦推卸了責任、認為與自己無關便逍遙自在」的西方文化。什麼意思呢？如果我們弟兄執意堅持自己的主張，依據「客隨主便」的習慣，他們則必須聽從於我們。這樣做，表面上似乎蠻橫了一些，不易為客人所接受，但卻可以避免西安迷路、「牛困人乏」卻無可奈何的情況。

公元一九七五年秋天，二十四歲的我，工作在本縣水峪磷礦，住在一個極深極深的大溝的一側——東坡。由於每日幾次地翻越那深溝，又由於自己總善於思考父親一生實心為人，卻常常得不到好報，甚至多次被他所衛護的晚輩和鄉鄰打得頭破血流，或大會挨整。這淒慘境況，迫使作為長子的自己，總是在「怎麼為人」這個問題上苦思，並得出了這麼一個結論，經常給人講：如果我在某一天夜半從溝那邊回來，並發現溝底有一群餓狼，險些被狼吞食，僥倖逃了回來。偏在這時，某一朋友要過溝，我多次勸阻他不聽，甚至還懷疑我勸阻的動機是居心不良，而且我的力氣又小於他，死活拉不住，怎麼辦呢？為了自己的聲譽，眼睜睜地眼看著他被狼吃掉，則他死前那一刻，無疑就領悟了我的真心，但已經晚了。而如果不顧自己，只顧朋友，則一定要用棍子打折他的一條腿，自己承受三、五年的牢獄之災！而且，由於該朋友又始終沒有看到狼，自己「謀財害命」的壞聲譽很可能終生也洗刷不掉。但是，在「爲人」還是「爲己」的大是大非問題上，自己卻走對了，終生不悔，無愧嚴父劉開珍的長子。

在我們民族的歷史上，因爲顧此而失了彼的，實在不少。岳飛父子如果領悟「將在外，君命有所不受」的道理，不理朝廷那一道道金牌，迎合民心地一直打下去，即使自己受些委屈——被扣上「反賊」的帽子，也不放棄討伐強賊，迎二帝回京的主張，歷史不就成另一種樣子了嗎？

因此可以說，表面上似乎與自己無關的那件事，其實還在自己：是自己做了對不起朋友、讓他們承受不該承受的、異鄉的辛酸，酸了朋友的身，也許吃一頓好飯，睡一夜就緩歇過來了；而酸了我的心呢？則遺恨終生。

辛卯三月初六卯時
於鳳梅微型辦公室

編者按：本文取自「鳳梅人」報，總第69期，二〇一一年四月五日

在久旱不雨中得到了甘露的「鳳梅人」

劉焦智

二〇〇九年臘月十九日收到臺灣朋友陳福成《山西芮城劉焦智《鳳梅人》報研究》一書的手稿，回給陳福成先生的信

陳老師：

您好！

前天——二月三號下午三點多，我店薛小琴（名義上負責四版《海外花絮》欄目，實際上，不僅獨自一人經營一千平米的一個五金裝潢材料店而養活小報，而且，各版都由她一人打字排版、裝封郵寄海內外各地、一直負責到底的）去郵局郵寄56期《鳳梅人》，我獨自一個人在微型辦公室收到了您從東岸寄來、少說也有十幾斤重的一個「特快專遞」大包裹。

爲鄭重起見，我強自壓抑了心中的喜悅，取出剪子放置在郵件箱上，待她回來後共同開拆和欣賞。

打開大致瀏覽後，當即去電叫來這些年來與我來往較多、住處距我較近的幾位文友：七十多歲的退休教師劉有光先生、六十五歲的退休幹部張亦農先生、書法家范世平先生以及電視臺新聞部王照威等，邀他們一起享受這個意外的驚喜。

大家粗看了您的六本大作和《研究》手稿，手稿中有您從藝術節宣傳報上掃描的永樂宮壁畫，即於次日把《永樂宮志》郵贈給您。

而電視臺新聞部王照威，則於次日背來錄影機，製出了節目，在六號、七號這兩天時間裏播放十二次，並製作出光碟托我送您斧正。

一、

從您的《研究》手稿中我明白：您的法眼已經把我這個人看得相當入骨了，我遇到知音了！激動萬分不止。但由於我已到了花甲之年，千百倍地苦於別人的生活經歷，經風霜雪雨較多的緣故，仍然能夠像往常一樣：把晚上八點半的《海峽兩岸》電視節目看完，九點入睡，丑時——凌晨一點多醒來寫文和看書。而小我十九歲的小琴可就不同了：

竟然一點睡意也沒有，一直在仔細閱讀您的佳作，發現我醒來，立即讀給我聽，直到早上七點多商店需要開門營業時，才基本讀完。

爲什麼能是這個樣子呢？七八年前，在我這個店裏，連妻子薛鳳梅、女兒女婿、汽車司機和男女員工在內，多達十六人，無疑是本縣首屈一指的大店。但由於我從事了這個出力出財卻討不到一點好處的報紙，致使老婆、兒女及員工們一個一個各自東西了！三年來，一千三百平米的一個大棚，還外加一張報紙的寫文、打字、改稿和排版、最後發到西安印刷廠，就是我們兩個人！每天早上開門後，我在廚房做飯，她一個人要把店裏打掃一次，把櫃檯、貨架擦洗一遍，來了買主，又以極其誠懇的態度和顧客苦口婆心地談價，說好後又去電叫來三輪車，和司機一起抬板裝車……。爲了這個報，她不顧眾人的閒言碎語，四十歲了，還沒有自己的兒和女，卻相當真切地愛著我的幾個孫兒孫女：每逢禮拜天，五六歲、八九歲的幾個孫子輩來我這裏玩耍，她總要騎摩托車捎他們去街上買玩具買書，一花幾十元，而她自己，卻完全穿著減價衣服和鞋襪；所使用的手機，用「扔了無人拾」這句話去表述，絕對沒有半點形容誇張的意味。

就是由於她來我店二十五年來，感於我與生俱來的、幾代相傳的真誠，信了我弘揚的這個「教」，才在外人想不通、她自己卻心情相當舒暢的情況下，跟著我從事著這個既苦又累的事業。（請參考這次寄去的三稿：《無題》、《十年寒窗父母心》和《天地可公量》）。

辦報紙的十年來，尤其是近三五年，原本在生意上遠遠不及我店的不少同行、以及在其他各行業發了財的同學和朋友，一個一個買起了豪華車子，蓋起了豪宅，這些人中的有些人，見了我們，有意說一些不三不四的風涼話、藉以諷刺挖苦我們這個曾經異常火爆、如今卻豪華不了的大店，這種狀況，又給我提供了一個天賜的良機：爲了避免碰見這些得志猖狂的勢利小人而儘量少出門。這樣，自然又多了不少看書寫文、改稿查檔的時間。在這種心情中沉悶了幾年的我與她，突然接到了你這個鼓舞人心的信，不就近似《范進中舉》的瘋人范進了嗎？

這樣，在她讀我聽、兩人多次擦眼淚的五、六個小時之後，才算度過了一個雖則沒有休息、卻是平生最最幸福的一夜。

二、

尊崇孔孟儒學，並不是因爲我中了某一個或幾個偉人著作的「邪教」，而是有親身體會的。比方說，由於我們祖先幾千年來「獨尊儒術」、並由官方宣導、當官考試也以這個孔孟儒家文化爲考題，因而完全使之深入了人心：我小時候跟著父親趕集上會時，偶爾發現：一個小孩在擁擠中與父母走失、哭得淒慘時，立即就有幾個人走上前來問長問短，並且，不幫這孩子找到其父母就絕不去做自己的事；路上出現了一個醉漢或犯了羊癲瘋的男女，立即有幾個素不相識的鄉民上前去扶助……。卻今日，在孔孟儒學被惡人批判、被拋棄之後的今日，大路上出現了這些，還有一個人去理他嗎？能破費幾個銅子的話費、打個報警電話就相當不錯了！

再比方說，一九八九年學潮中逃到法國和美國的方勵之、嚴家其、蘇曉康、吾爾開西等人，儘管他們試圖廢棄黃河文化——即中國祖先的傳統文化——是大錯而特錯的，但這些人中的大多數，不都是爲了國家前途和人民福祉而操心、而奮鬥的嗎？如果他們自私自利、只顧自己一人或一家，怎麼能得到這種命運呢？

身爲國家領導人，在您所領導的範圍內，這十三億人，一個不剩的，都是您的子民。他們每個人，都是您的弟妹或兒女。即使被你認爲是他犯了法的人，——比方達賴喇嘛和二十年前在學潮中出逃的那些人，都是你應該憐念和同情的對象，都應該慈悲爲懷、念及孤身流落海外、有家不能歸、遠離祖國和親人的痛苦，出於父母對兒子的仁愛心，幫助他們走上重新做人的路。因爲你是他們的父母官，你就應該這樣做。聽說達賴要去臺灣或美國，給馬英九或奧巴馬去個電話：「那是我們中國的一個公民，儘管他犯有分裂祖國的罪行，但畢竟他已經是八十多歲的老人了，身體不太好，又長途奔波勞累，還拜託你在生活上多多關照，我領您的情……。」政權和軍隊在您的手上，他被奧巴馬、薩科奇接見十次八次，能翻起什麼大浪呢？犯得著與自己一個子民、一個兒女去一般見識嗎？如果我的兒女與我鬧了矛盾之後要去臺灣見您，我只能去信去電求您在思想與生活方面幫助他，我怎麼能說「不准理他」這種缺情寡義的話呢？？？

一九四九年大陸上的執政者，之所以把一個農業國搞得無糧可吃、大量進口法國美國玉米麵粉，就是因爲他們認識不到自己是「百分之百的中國人」的領導，是他們的父母官，而只團結百分之九十五，打擊那百分之五的兒女，即地主富農、右派分子等等。請問：哪一個兒女不是自己的骨血，不值得關懷和愛護呢？不抓自然科學的進步，不抓生產力的提高，不斷地、無情無義地與自己的兒女鬥，這樣的父母，能領導全家人建起喬家大院、王家大院嗎？

但沒有從孩童時期就在心靈深處積累的儒學功底，沒有出自內心的、仁者愛人的思想品位，對於上述這一切，是說什麼也接受不了的。

三、

關於您在《研究》中的幾個地方所說的「俠」，有必要細陳心底：我市河津縣有個文友楊爭榮，曾參與原外交部長姬鵬飛母親埋葬一事中楹聯編寫的事。五六年前他第一次在運城市偶爾坐了我的皮卡車，發現我車上有一把匕首，結合他之前對我小報的閱讀，深有感慨地對我說：「你將來事業有成。」

我說：「乞丐一般，能成什麼事業？」

他說：智信仁勇嚴五字，你都具備了，尤其是「勇」字。

綜合分析了之後我才認識到：我國古代不少大文人，曾因「秀才遇到兵，有理說不清」而吃虧；如今不少企業家竟然因職能部門幾個小鬼的不斷騷擾而哭笑不得；黑社會勢力更是把諸多事業有成的大款們整得死去活來……。原因在這裏：不勞而獲的勢利小人、死狗爛髒之類，他們和「大俠」絕不能劃等號。大俠是以「義」爲前提、自然看不上銀錢的；而這些穿著制服或便服的小人們，他們之所以如此，首先是害怕勞動，連每個人與生俱來的、不需要求人的這種本能都害怕，能不怕死嗎？因此，給他們一丁點兒的顏色，他們就縮了膽、就再也不敢上門逞兇、攔路搶劫了。當我每次這樣做的時候，不是指派手下人、而是領導或老闆自己直接幹，方可收到效果。

還有，您在《研究》中說：《鳳梅人》不是小報，而是有宏觀理想，抓住當代兩岸主流思潮的需要，這是一個「大報」，有更多志同道合者的支持，會成爲「大大報」，爲兩岸文化交流、爲復興儒家思想，爲宣揚中華文化，做更多更好的事。我中華民族可望在二十一世紀前期，儘早成爲一個完全統一的國家，吾等至願。

這個問題我在幾年前這樣考慮過：文革中折損了學業的、我這個初中畢業生，到了把這個小報辦得走上了大道，是根本沒有能力繼續管理的。那時候常常這樣想：到了一定時候，由國家文化部門派人總管，我仍然多接觸百姓，不斷地從底層、從人民群衆中吸取營養，周圍的和遠處的，國內的和國外的，不斷地寫出文章供應上去就行了。

接到你的《研究》後我才悟出了天機：到了那個時候，是必須由你擔這個擔子的。不是我謙虛，你的大量著作告訴我：古今中外的一切道理，全部都在您的掌握中；而我，連南北朝、五胡十六國都還是糊裏糊塗、根本弄不清的。就在您來信前的這一半個月裏，我還在細讀《中國歷代帝陵》一書，試圖弄明白，但畢竟年齡大了！遲了！

強於您的地方只有一點：我在學知識學本事的年齡段，在「偉人」的「親自發動和領導」下幹起了「革命」：戴過「紅衛兵」袖章，參加過造反隊，步行串聯到北京，寫過許多年的大字報……。這樣地葬送了自己的青春和年華，不由我，由人家。

四、

您在《研究》中不能理解的「娘娘」，是「后土娘娘」。大廟在我縣北方一百公里的萬榮縣，規模很大。從漢武帝到清末，幾乎每個帝王每年都要到那裏朝拜和上香。我村的娘娘廟，所敬的，就是這個廟裏的神。與如今「總公司」、「分公司」的道理大概一樣吧。（我從《海鷗》38期中掃描一頁一併郵給您參考。）據說，咱們祖先祭土——祭后土娘娘，要比祭天早七百多年的。這是不是天爲乾、地爲坤的道理呢？

我在二十多年前的商店經歷中，很善於觀察每個人的面目特徵，眼睛、耳朵、口鼻等，並且問及幾子幾女、家境如何？祖輩父輩從事哪一行？通過眾多的事例中找規律、因而把咱們祖先的面相學文化驗實得堅信無疑了。在小報41期一版的《探索臺灣八年政治腐敗的主要原因》一文中，通過對陳水扁之流奸詐面相的分析、最後得出的結論中，也流露出了一些這樣的觀點。

因此我和小琴這些年就是抱著這個想法：不論有人見還是無人見，于國于民有益的好事就是要一直做下去；也無論人前人後，對不起別人的事一點不能做。因爲自己的一言一行，天地睜著眼，看得一清二楚：報應是一定要來的。小琴常常說：宋美齡沒有一個兒女，但由於她對咱中國人的貢獻特別大，因而她的壽命跨了三個世紀，活了一百零六歲！

蔣介石反對袁世凱稱帝、統一了中國、趕走了日寇，在那幾十年裏貢獻尤其大，與他打過仗的白崇禧、閻錫山，逮捕過他的張學良等人，完全是在臺灣年邁而終的。而有些人呢？不說其他人，建國有豐功偉績的林彪、彭德懷、賀龍等，都死得淒慘。而開國皇帝劉邦、朱元璋、李淵、李世民等等，哪一個不是子孫滿堂呢？

因此，在您的《研究》飛來五天前：元月二十九號，西安印刷廠來電要我匯款開印56期《鳳梅人》，鳳梅五金店的房東——北關大隊還催要二〇一〇年房租，欠五百元死活湊不齊，距人家規定的最後期限：元月三十一號，只剩兩天了！春節臨近、百姓已開始購置年貨，死活迎不來一個交錢的買主！但就在這個受煎熬之日的中午十二點之前，被銅臭困住了手腳的我，卻還在爲弟弟的西建公司操心：給太原市的同鄉好友李宗澤去電話：「吾弟智強在省城開人大代表會，煩您多多關照他。」又給大弟智強去電：「別看你目前在縣、市、省有不少政界的錢權派朋友，但到了難中，他們是一個也見不到的。而同鄉同學，可不是那回事了。因此，你每次到省城開會或辦事，都要抽空到他那家去一下，無事時花一百二百，抵得住事中的三萬或五萬！」而接聽我的電話、在省城工作的同鄉，還有那個正在開會的二弟智強，他們哪裡知道：此刻這一會，我還在爲五百元而急得無計可施！我明白：只去一個電話，乞求一聲，只一聲，讓弟弟派人送一萬，他不可能送九千！但那就給孔門丟臉了。弟弟幾個億的底子，坐著四五十萬元的車，住著洋樓，常常去上海、新加坡、馬來西亞、泰國過年，花十萬八萬如同兒戲一般，但我並沒有嫉妒他們，卻還在替他們操心、受熬煎。因爲我明白：真正有險的，是他們而不是我。（**請參考56期1、3版《給華岳女兒女婿的忠告》**）。

那天我還這樣想：既然我們替天行道的言行受天地指派，而天地眼見我目前已經只剩下了一個員工和一隻小狗，潛力已經挖盡，已經沒有退路，卻還是不給我一點拓展事業的空間，甚至不給我生路，就說明老天爺要召我回去了，那就只能順從天意、把這九十公斤的軀體主動還給他，到另一個世界任他老人家去安排，也達到了瞿秋白所說的「真快樂」。

但就在五天後，己丑年臘月十九日申時，得到了您這個讓我得到重生的希望：知音來了！

己丑年　臘月二十二日丑寅於微型辦公室

抗爭（回憶錄）

劉焦智

你不因富裕而忘記過去的苦難
你仍然過著節儉的生活
你富裕後並沒有忘記社會
對困難者你幫助了許多
你的老家在偏僻的山村
鄉音還常常從嘴邊滑過
對於過去傷害過你的人
你也大度寬容　因為
那個時代的主旋律出了錯

（摘自員岡貝詩作《贈劉焦智》）

引言

孩童時期，父親經常講：五年、六月、七日、八時辰。其意是說：五十多歲的人，今年在世，明年就很難說了；六十多歲的人，有這個月，下個月就說不準了；上了七十，是一日一日地延壽；而八十多呢？只能看兩個小時變換一次的時辰了。

父親又多次說，他是民國人，即一九一二年出生。而四十歲以後才生下我和三個弟弟的父親，在「鄧公把天理還給了中國人」的一九八〇年、政策放寬、允許長途販運、能夠盡展其才之後，竟以六十九歲的高齡，用吾弟智強從南關幫忙借的千元高息款，用了僅僅兩個多月的血汗，便讓一個弟弟的結婚所需有了着落。

然而，還是他，在五、六十歲的這二十年時間裡，竟然解決不了五六個兒女的饑飽！

一、石頭做顏料

我小時候有個熱愛木刻的習慣。那時，來了個學習雷鋒的風，五年級班主任老師張成言讓我利用晚上休息時間給班裡刻了兩個兩寸見方的雷鋒像，蓋在每個學生作業本的封面上，一個背著槍，另一個戴著火車頭帽子。

那時，由於買不到稿紙，我又接受老師的指示，跟著父親從家裡拿了一塊木板，讓前巷的木工劉西潤用刨子推光，上面貼一張稿紙，刻稿紙的印版。不到十二歲的我，一夜未睡，天不明就刻完了，由於心情好，自然沒有睡意，坐等到天亮，並在腦子裡暗暗回味著自己被老師表揚，自然也被同學羨慕的神氣。

可能由於孩童時期頭腦簡單的這個緣故，只考慮到了享受老師表揚的榮耀，卻考慮不到下一步的淒慘：當大家忙忙碌碌地買紙、裁成十六開、買了紅墨水、爭相印紙、把那「印刷廠」圍了個一層又一層，還有些同學在後邊看不見、站在凳子上驚呼和稱讚，而我，卻由於買不起紅墨水，自然就失去了使用印版的資格，因而，只能在人群外的一兩米處，眼看著一個又一個興高彩烈同學手持新印的稿紙，回到自己的座位上，而自己，只能用牙齒去壓制模糊的眼眶裡那一直想流出的眼淚……。

老師嘛，畢竟是有知識、比常人感情豐富的人，除了享受他的學生得到了稿紙的喜悅以外，還忘不了一夜未眠、淚水充滿了熬紅的雙眼、顯得有些悲慘淒涼的我，把我叫到他的房間（當時教室正是我們劉家祠堂的上殿，講臺在西，老師在東邊隔了一半間，這是至死也不會忘記的），從窗枱上取了半瓶紅墨水，交給我，和藹地說：「你拿去，買一張紙印些用。」他瞟了一眼我那不由自主而流下的兩行淚，又接著說：「讓你父親從山裡拾一種紅石頭，打碎，可以代替墨水。」

老師這話我到底給父親講過沒有？父親又是如何回答的？已成了永遠無可究詰的一個謎，反正，始終不知道紅石頭是什麼樣子，更不用說打碎印紙了。

直到二十年後，我與億萬國人一起，得到鄧公的恩澤，辦起了木匠鋪，經常開車去運城買木材，每次翻山時，一見到那修路時被工人炸開的紅石頭茬子，大腦就不由得回到了位於劉家祠堂上殿的五年級教室，似乎又看到當年印紙的場面，自然還要讓同車的人也品嘗一下我當時的痛苦。我想：回憶一下，講給員工及兒女，並不多餘。

二、凳子當馬騎

我上完小以前的四年，變換過幾個教室，但萬變不離其宗的是：課桌是用磚支著一塊長板子，小凳子呢，學生從家裡帶。

我在《風雨滄桑》及許多文章中講過，父親四十歲才得到了身爲長子的我，因此，父母對我的親與愛，非一般人所能想像得到的。

不知是爲了防止我在學校被人欺負？還是望子成龍、便於嚴管？因此，有意讓比我大十七個月（一九五〇年閏五月）的姐姐等了二年，與我一起入學。

更沒有想到的是，兩個孩子同級又同班，除了讓父母的本意得到了實現以外，還帶來了意想不到的效果：因爲家裡沒有單人坐的小凳，而只有幾條曬柿餅、曬棗的長凳，因此，兩人從家裡背一條長凳子，自然又給老師出了一個似大非大的難題：必須把個子低於姐姐的我，安排在她正前的一排，凳子要從「課桌」下鑽過去，像騎馬一樣，我騎馬頭，她騎馬尾。

前多年姐姐經常說，由於我被父母寵慣、個性尤其倔強的緣故，有時發了火，便不讓她坐「我的凳子」了，她只好站著上課。這個，我卻是實實在在地記不起來了。年紀大了、閱歷豐富了之後我才明白：吃了苦、嘗過了辛酸的人，便在腦子裏烙下了較深的印記，而站了上風者，印記卻遠沒有那麼深。

由此可見，一些得了時、有了權勢、錢財後，便不可一世的人，最好還是不要做欺壓百姓、傷人心肝的事，自己在臺上的這會，還是多想想幾年以後在臺下的光景。以世襲爲前提的封建王朝畢竟已經變成了歷史。在臺上這會，早早積些陰德、爲人民做些善事，人民也不會忘記你的。相反，你找他個毛病，罰他三十五十，這三十五十，對你單位來說，是微乎極微、很不起眼、很快就會忘記了的小數字，而掏了錢的他呢？這些錢，很可能就是一半個月血汗的凝聚，也可能是明天或後天兒女的學費，還可能是一半個月油鹽醬醋的開支，被人訛去了，他生前怎麼能忘掉呢？他怎麼能不恨你恨到死呢？你是否敢抬起頭來，拍一下胸膛：我永遠有權有錢，像太陽一樣的永恆？

三、窮孩早當家

一九六四年的一個禮拜天，八歲的大弟智強要我給他打個兔窩，想養兔子掙幾個讀書所用的小錢，而父親呢，雖然對牛、馬、豬、羊是熟而又熟的，但對兔子這個新生事物，卻還是初次聽說，因而，並不贊成。

我支持了他。

那時，我已經是十三四歲的小伙子，一個中午不到，便在院裡的林檎樹下，打了一個近似井狀、八、九十公分的兔窩。

兔子這東西真怪，有了這個井狀的窩，放一對進去，蓋塊木板，壓上石頭，它們夫妻便辛勤勞動，打兩個小洞：一個斜出來作進出通道，還有一個平洞，便是他們小兩口休息及繁衍後代的臥室。

自那以後，大弟每次放學回來，先到附近幾百米以內的村邊地頭拽些草，放進兔窩，再去吃飯，至於兔子繁殖的管理、分公母等知識，他自然弄懂了，而我卻並不明白，因而，也不能寫出很內行的文字。只知道那一年父親只要去西陌趕集會，總有所賣。而且，過上一段時間需賣掉繁殖能力下降的老兔，留一對新兔替代。

我在許多作品中說過，父親是個特別心細的人，雖然沒有文化，卻把一年賣兔的收入記得一點不差：八十多元。

你別小看這八十多元，在當時，一個全家六七口人的國家工人，被民間羨慕至極，稱之謂「掙錢人」，在縣城全月工資三十一元，扣九元伙食費，落得二十二元，便是全村最富的人。因爲：有自行車，甚至還有縫紉機，而這兩種一樣也沒有的人，則免不了去求人借用，又因爲人家在城裡工作，到縣城回來還可以給鄰居捎買什麼緊缺的東西，因此，這家人在村裏自然就吃得香、就得到人的巴結。也就是說，這八十多元，是一個技術工人四、五個月的收入！

五十多歲的人都不會忘記：在當時，試圖謀得這個月薪二三十元錢的「國家人」，乞求正局級以上的「吃開人」，還常常落空。而一個八歲小孩僅僅利用了飯前和課餘，沒有看任何人的眉高眼低，卻辦到了！

由此看來，放棄低三下四，把人格和尊嚴留下，在天地間自立和自強，道路更寬廣，前程更輝煌。因爲：求人，是以對方的施捨和開恩爲前提的。能有比「正局級」更好的事情，他絕對不可能捨得給了你。

而自己靠雙手勞動、用血汗堆積起來的企業，比之高山，卻比山更牢固；比之大海，卻比海更源長。

當我們擺脫了那個曾經給我們帶來極大痛苦和悲傷、倒著影子的水邊，站在了人和垃圾都得到合理歸宿的這個既公又正的鏡子前，才終於明白了：爲什麼，一個與西方社會的企業家有著極大文化差異的、農民的兒子，能夠憑雙手創建起一個大公司，並且還能以乘法式的速度發展，原因在哪裡，奧妙在何方？

四、盼解放的孩子

可能是由於中國人民打敗了日本人、建起了共和國，才使得「解放」一詞，倍感親切，有趣的是，農村人把放電影時撤去了收票人、省一毛錢進去看，也稱之謂「解放」。

當時，來我們朱陽村放電影的，好像每次都有一個叫「大雁」的人，而且，也不知爲什麼，總安排在星期六。天快黑時，發電機一響，「大雁」在喇叭裡播放當晚電影的內容，夜幕落下後，一個又一個買了票的人便陸陸續續地入場；有時，開始之後，還有零零星星的人進去看。

就在這收票人的對面，總站著七八個買不起票的孩子，眼巴巴的等待著「解放」：等收票人離開後，再進去看上一會「尾巴戲」。

這七八個小孩中，每一次總少不了我。我們看那收票人的臉色，幾乎是一眼不眨的。——這眼裏，包含著期待：期盼收票人開恩，——哪怕早三兩分鐘也好的。

有一次，我們中的一個頑童，借進場人成群之際，竟以超過眾童的非凡膽識，像魚一樣的溜進去。大雁飛快追去，卻未抓住，雖然又站到收票的門口，然而，氣憤與失望，還很明顯地掛在臉上。

又有一個小孩自告奮勇說：「讓我進去，我能逮住他。」

「去吧，」「大雁」轉怒爲喜。

我總認爲，那小孩只不過是想看電影，肯定一去不回。沒想到，幾分鐘後，他還是回來了，對大雁說：「人太大多，裡邊黑，沒找到。」說完，這個當了幾分鐘便衣警察就「退役」的小孩又站到我們這個行列中來。——不用說，五六分鐘前那種期待「解放」的眼光，又回復到他的臉上。

受到了感動的大雁，對那個雖勞而無功、卻至誠至勇的小孩揮了一下手：「去吧，進去看電影吧！」

此刻，我們這些孩子，沒有一個不羨慕他的。甚至，還在心裡暗暗反悔：剛才我爲什麼不那麼做呢？

五、父親賣旦柿

在我的宣傳品《鳳梅人》散發時，除我的出生地——西陌鄉朱陽村以外，又考慮到了母校——位於寺前村的陌南中學。

進入陌南鎮，過了十字口往北拐時，我停下了車，一則腹中饑餓，二則想起四十多年前父親爲供我讀書，冬季在陌南集上賣旦柿、夏季賣雞蛋的地方，好像就在腳下這一帶。

曾有一個天空晴朗、並不太冷的冬天的下午，下課後的我，急著要辦的第一件事，就是要到離學校一公里的陌南集上看看在那裡賣旦柿的父親。

掌盤被支得離地一米左右，父親面東站在掌盤的西邊，雖然集上的人已稀稀落落，旦柿也只剩四五個了，把丁上有點發黑，父親卻仍然站立在那裡，不時地左張右望期盼顧客，見我來了，慈祥地說：「這幾個不好了，也難賣，你吃了吧。」

我從目光開始掃到這旦柿的那一會開始，從肚子裡不斷湧到口中的水，就咽得沒停過，何嘗不想吃呢？然而我知道我的伙食費、書錢還靠著它們來解決，只能這樣說：「涼涼的，我不想吃。」

六、母親送蒸饃

景耀月的故居，這最北一排房子的西側，是過去的女生宿舍。在一個寒冬凜冽、下著小雪的中午，我曾在這宿舍旁的大楊樹下迎到了給我送饃的母親。且由於春節前的期中考試臨近的緣故，星期天也不能回去取饃。不僅如此，如果禮拜天照常放，這一天的飯票分散到其他六天，卻能在那糧食比金子更頂用的年代裡，足以改變原來的生活境況。雖然當時一旦得到《錄取通知書》口糧便轉入國家供應，然三十二斤的口糧標準怎麼能夠一個正在發育期的、十四五歲的我食用？雖然並不是每個同學都能得到家中的補貼，忍饑受餓的同學比比皆是，然我那望子成龍的父母，寧願自己受餓，也要在「小龍」身上下些功力。

當時母親頭上用祖傳的一條圍巾裏著，雖然凍得顫顫冽冽，但見兒後的興奮表情，卻是我的筆力和文字功夫根本表達不清的。

望著母親的背影，我牙齒咬得咯咯作響。這一咬，考試排榜的那個第一名，就非我莫屬了。

七、家俱換糧食

我結婚時的箱子、帶櫃箱架子、帶櫃桌子，是由於父親早早積攢了一些槐木板子（我家大門外屬於三戶的大槐樹，評估爲一〇五元，我家有三分之一的權益，給兩個伯父付七十元），又由於我處在他的四個晚子之長，作得特別好。在當時，足以誇耀鄉里、招來一個又一個參觀的匠人和鄉民。

農曆一九七一年五月十二日，我以二十歲超三十三天的年齡如期結了婚，把老年父母眉梢上的愁雲褪的不甚見了。但是，也不知是上帝有意的造就？還是別的什麼原因，婚後三天降了一場百年不遇的冰雹。

我記得：新婚的女人到親戚家出門去了，我獨自一人睡在中間夭裡，透過窗上的玻璃，一眼不眨地看著七八級大、持續了一二十分鐘的西北風，摔下拳頭大的冰雹，把南邊土崖劈去了半尺多厚。剛成熟的小麥一粒沒收，長到八九寸高的棉花地裏，只留下不成行、高低不一的光棍。冰雹之後，從巷道走過，除了各家各戶門樓下老婆、女人的哭聲以外，幾乎是死一般的寂靜。

糧食比金子頂用的年代，來了！

即使平常生活較富裕的家庭，也要靠政府的救濟才能活下去，而有著八到二十歲的四個年輕小伙的我家，多麼的困苦，是不想也能知道的。

秋冬，從東沿河邊的柳灣、劉堡、坑南一帶來了夫妻二人，引了一個四五十歲的木工，言說要買一套箱子帶櫃。而且，既然有明眼的「老木匠」照路，自然就相中了我結婚時的那一套。

父母並不完全願意賣，除了認爲兒女剛結婚就賣嫁妝不吉利以外，還考慮到新娶的媳婦是否同意？而發現我動員後媳婦答應得很慨然以後，便忍疼割愛、以一百四十五元的價格把箱子及櫃子賣了出去。

我還記得：這宗款，讓太安、夭頭一帶的一個人把兩百斤小麥送到了我工作的木業社，又求張學子舅「走後門」用八十元買了一個架子車的全套零件。

我不會忘記：在縣車輛社工作、家住燕夭村的燕冒娃利用一個禮拜日的早上，才把架子車安裝起來。「竣工」之後，雖買不起酒肉，母親還是盡心地用油餅招待了他，吃完飯，又給冒娃包了五個，作爲酬謝，致使冒娃本來打算從我村直接去縣裡上班，卻由於這五個油餅需要奉獻給他的父母妻小的緣故，又返回了燕夭。

我更不會忘記：家俱被人拉走後某一日，新的媳婦面西盤腿坐在炕邊二三十公分的中間，長嘆一聲：「唉，再見不到我的箱子、櫃子了。」我之所以能在父親托夢後的這個子時，——十二點半——起床寫出這個，是要向世人作這樣一個反省：這些年來，在錢勢較強的情況下常常說前妻長長短短，方才夢醒後才覺得不妥。試問：當今被人公認的所謂賢妻良母：當你們與自己的父母、弟弟還生活在一個鍋裡，而且又是結了婚才半年不到，能不能捨得把箱子、櫃子賣掉後讓公婆、讓弟弟享用？樂意不樂意把自己的衣物放得亂七八糟、到處都是？而且我記得，她除了這麼一聲長嘆以外，從來沒有因這事而與我發生過爭吵。如果我在生前還不能把這公道話告訴給世人，我死後又有何面目去見我那以正派公道而深獲周圍敬仰的幾代先祖？

誠然，岳母嫌貧愛富、逼女兒離婚，曾一度加劇了我的痛苦。但是，是否允許我再反問一句：人世間有誰願意讓自己的女兒生活在萬分的困苦中？要求一個從舊社會來的農村婦女具備孔門弟子那種高瞻遠矚的膽識，有可能嗎？

在權勢、錢財占上風的時候，別人的優點一字不提、光說缺點，可能沒人敢吭氣。甚至，既不想吃苦、又懶於學習、專靠舌頭功夫滋潤全身的人，為了迎合錢權派的胃口，還要把別人的缺點加上幾個乘號。但是如果變掉了幾代先祖「為人正派、辦事公道」的本色，幾十年、甚至幾年之後，窮困潦倒的生活無疑又要重新返回到我自己或者我後代中來。那時候，就有人把他的先祖——劉焦智——當年是否公道？秤得一兩不差。也就是說，被歪曲了的歷史，總要有被矯正的那一天，正如幾千年前本來可以被人使用的陶器盆罐、卻被埋入地下，而一旦被後人挖出、反而比當年更珍貴的道理一樣。

八、三元走運城

從下邊這個比較粗略的大事紀年表中，可以看得出劉家在芮城縣占有的這一塊天地，是怎麼來的：

在當了兩年裝卸工之後，我於一九七五年八月，進入水峪磷礦幹木工。也就是在這一個月裡，我的大弟智強進了縣建築公司一邊當苦力，一邊學瓦工；次弟智民進了風陵渡鑄造廠；

一九七六年十月，把天良與正義摧殘了十年之久的「四人幫」，被押上了歷史的審判臺；

一九七七年正月十六日，不論是正義者還是非正義者，都過完了傳統的民間節日，這一天，我的兩隻拳頭早一日而提前「驚了蟄」，在實在忍無可忍的情況下，向權力階層動了武，從這一拳開始，結束了被人歧視和受欺的歷史；

一九七七年七月初九，我與大弟智強兩個媳婦同一天定親，回到了劉家；

一九七七年獵月初九，我結束了五年之久的光棍生活，把鳳梅娶到家中；

一九七八年十月初一，我的大女兒曉靜來到這個世界上；

一九七九年，由於國家恢復中考制度，小弟智勇由於年齡這個天然的優勢，優越於他那三個倒霉的兄長，考上了中專——太原動力學校；

一九八〇年責任田下放到戶，我與幾個弟弟得到鄧公政策的恩澤，其力，得到了自食和發揮。

由於小弟智勇報考有誤，需要去運城改動，因而，雖然不到一歲的女兒有小病發燒，爲了給弟弟辦事，把小孩托付給妻子鳳梅後，用身上僅有的三點五元，引著小弟智勇，擋了熟人的汽車，坐到風陵渡，在鑄造廠的次弟智民引我們去了火車站，托熟人引鄉們坐在火車後邊一節車廂上繞小旗的那人旁邊，免費到了運城貨車站；晚上有朋友張玉旺（現任夏縣公安局長）給寫的信，到地招找到一個芮城西陌籍、名叫秋燕的人、白住了一夜；次日中午，用吃飯喝水也不敢用的專款——六毛錢，坐車到解州席張，步行翻山回家。關於這段歷史，我眼酸地實在寫不下去，只好把《風雨滄桑》中的一段文字原文照抄：

「劉焦智陪小弟從運城報考志願回來時，身上只剩下六毛錢，搭車只能坐到解州，兄弟倆只好步行翻山回家。因身上分文沒有，一天沒吃一口飯，上到山頂，兄弟二人虛汗直淌，餓的跑不動了。山上人聽說他們是劉開珍的兒子，爭著叫他們到家裡來吃飯。

「這真應了那句俗話：『前人栽樹，後人乘涼。』無論仕途如何，多積陰德，必有善報。那些只知道給兒子積累財富的父母們想想，如果劉開珍不是勤勞善良、樂於助人，他的這兩個兒子在山上餓無所食時後果將會怎麼樣呢？如果像有些人欺壓良善、作惡多端，仇人們知道是他的兒子，以其人之道，還治其人之子，又會怎麼樣呢？還有那些躺在父母的功勞薄上生活的人是否也可以想想，你的兒子將來怎麼辦呢？「前事不忘後事之」，只有滲透了人生這個哲理，無論何時何地，無論富貴貧賤，多做善事，廣積陰德，才能確保子孫後代難中有人救，困時有人幫，幸福康寧。」

九、銀饃換金饃

起碼在這個小弟智勇上學的一九七九年之後的一二年裡，肚子吃飽的問題還沒有得到解決。從下邊這個許多年來一旦在腦中閃現、睛眼就模糊得不敢想下去的事例中，可以得到證實：

那時學校供應三十多斤口糧，並實行粗細分開制。也就是說，每天一斤多糧食，只能吃半斤小麥，其餘的，便是玉米做成的窩窩頭和小米粥。

家住太原郊區或者條件比較優越的學生，根本就咽不下用玉米做成的這種死硬死硬的窩窩頭，這一點，恰恰又為小弟塡飽肚子帶來了一個天賜的良機：他用自己一個四兩重的麥饃，從那些有錢學生手裡換來八兩重的窩窩頭，這樣，就人為地、私下地改變了黨和政府供應標準：每天可以吃到一點五斤以上。儘管他也不是不知道那麥饃是多麼的好吃，然而，為了塡飽肚子、為了完成學業、為了實現志向、為了不辜負父母兄長的心願，還是堅持下去了。至於具體的滋味，我想，只有他本人才嘗得最深刻。

這一嚐，就要嚐出一個錦繡前程來。

再一咬牙，還應該咬出天下臣民百姓的安危禍福來，才算是真正實現了五千年來歷代祖先的心願。

未盡的餘音

千萬年來，力大、才博的人，在我們這個民族和國度，代代層出不窮。而成功的秘訣只有一個：順天理、得民心。試圖傷天害理的狂徒，最終只能爲天理所唾棄。

丙戌年後七月初三寅時於微型辦公室

附錄：「金秋六人行」作者小檔案

台　客小檔案：台客，本名廖振卿，一九五一年生，台灣省台北縣人。國立成功大學外文系畢業。現爲《葡萄園》詩刊主編，台灣中國詩歌藝術學會常務理事。自大學時期即開始寫詩，迄今已近四十年。目前已在兩岸三地出版有詩集《與石有約》、《星的堅持》、《台客短詩選》、《續行的腳印》等十一部。詩論集《詩海微瀾》一部，散文集《童年舊憶》、《文學履痕》二部，主編《百年震撼》（台灣九二一大地震詩選集）、《不惑之歌》（葡萄園詩刊四十周年詩選集）、《詩藝拾穗》、《詩藝浩瀚》、《詩藝天地》（中國詩歌藝術學會會員詩選集）共五部。

李舜玉小檔案：李舜玉，一九四五年生於四川重慶，山西垣曲人，一九六〇年一九六三年先後畢業於台北市北二女及台北女子師範學校，從事小學教育長達四十七年，曾回母校台北女子師範學院在職進修，完成大學教育學分，二〇〇四接受市長馬英九頒發「教澤廣被」獎牌、同年亦當選教育部優良教師，獲頒「鐵肩擔教育、笑臉開新局」獎杯乙座。於二〇一〇年八月屆齡退休。

吳信義小檔案：健群，本名吳信義，一九四四年生，臺灣台南人，政治作戰學校14期政治系五十七年畢業。國立師範大學三研所進修，曾於母校復興崗任職二十一年，歷任隊職（連、營長、訓導主任）、教職（研究班教官），後轉任國立台灣大學農學院主任教官，退休後曾應國防部聘任成功嶺大專寒暑訓政治教官多年。目前擔任「中國全民民主統一會」秘書長一職。

開設兩個部落格分別是：

1. 健群幽默小品部落格 http://tw.myblog.yahoo.com/wush350825
2. 建群歲月行腳部落格 http://tw.myblog.yahoo.com/jw!h2DWdMWFBUZgEEGk.ljwzA--/

歡迎點閱。信箱 E-mail:wu120835@gmail.com

江奎章小檔案：華陽居士，本名江奎章，廣東梅縣人，政治作戰學校14期政治系五十七年畢業。退伍後轉任公職，二〇〇三年在交通部民用航空局人事室視察退休。曾隨多位老師及人相學泰斗蕭湘居士精研人相學，一九九五年由武陵出版有限公司出版「人相學隨堂筆記與心得」，在談相和講學經驗中，不斷鑽研、推敲、驗證，以深入淺出的例證教導學生進入人相學的殿堂。

俊　歌小檔案：俊歌，本名吳元俊，出生於阿里山。歷經軍旅二十九年，最後成爲台大退休人員，年近花甲，現爲無職榮民，志工。

曾登頂台灣玉山、雪山、山東泰山、沙巴神山、雲霄將軍山。也曾去過……很多地方，讀過很多學校，參與過許多社團，經歷過一些職務，交過不少的朋友。

今生還有三願：

一願隨緣濟世助人最樂，二願遊山玩水知足常樂，三願品嘗美食自得其樂，與你同樂，與眾分享。

陳福成小檔案：陳福成，筆名：古晟、司馬千、司馬婉柔，法名：本肇居士。一九五二年生於台中，祖籍四川成都。

陸軍官校四十四期、三軍大學八十二年、政戰政研所七十五年。經歷野戰部隊各職十九年、台大主任教官五年、復興電台主講十年，及國安會助理研究員、華夏春秋雜誌社社長、出版社主編等。終生以「生長在台灣的中國人」爲榮，不斷創作，鑽研「中國學」，以宣揚中華文化、促進兩岸交流，完成中國之和平統一爲一生志業，並視爲今生之天命。到二〇一一年底，所出版著作，國防、軍事、戰爭、兵學、政治、小說、詩歌，及各類文史哲研究等書，六十餘部（見書末目錄）。